藍學堂

學習・奇趣・輕鬆讀

預見未來自我

BE YOUR FUTURE SELF NOW

THE SCIENCE OF INTENTIONAL TRANSFORMATION

用未來自我學會活在當下、校準生活，
每天創造屬於你的成功版本

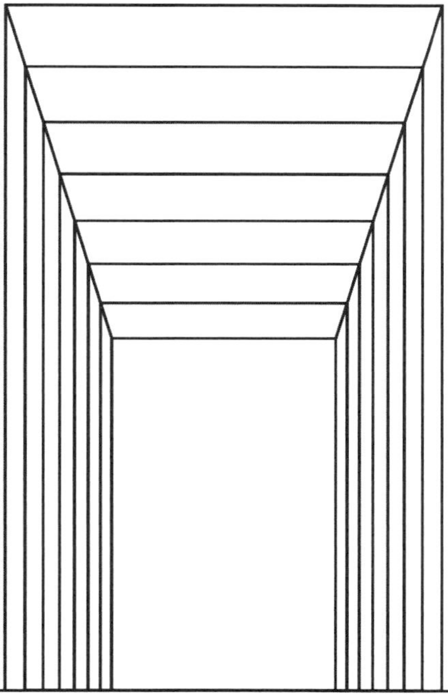

班傑明・哈迪 博士 Dr. Benjamin Hardy——著
閻蕙群——譯

致我的家人：

菲利普・哈迪、蘇珊・奈特・崔佛、

雅各布・哈迪、

勞倫・哈迪・卡萊布、

喬丹、洛根、柔拉、菲比和雷克斯

目錄

推薦序

前言

第一篇

第二篇　理解未來自我的七大真理　114

第三篇　成為未來自我的七大步驟　186

推薦序

用心召喚、身體力行，預期的未來將提早降臨

Vito大叔——圖文作家、Podcast主持人、設計人生教練

這是一本教導我們如何實現夢想的書，簡單而粗暴的結論是：如果你以未來自我的身分過生活，將會從此改變自己人生的一切！

書中一開場十七歲高中生吉米．唐納森不可思議的故事就讓我驚嚇到吃手手，迫不及待打開Youtube（@MrBeast）一看，沒想到最新的訂閱人數已經來到了二．一九億人（二〇二三年十二月二十日資料），頻道裡每一支影片都擁有破億的觀看數（天啊）！

吉米當年拍攝的四支影片讓我想起了自己出版的兩本書籍《倒數60天職場生存日記》跟《用夢想設計你的人生》，我們都不約而同地透過創作，成功預言了自己心中想像的未來。

很多人都聽過Be-Do-Have（先有信念，然後行動，最後有結果）的理論，有人說這是

「吸引力法則」的關鍵祕密，也有人形容這是「以終為始」的思維模式，但我認為這是成就「未來自我」最大的核心價值。

當你願意打從心底改變對自己的「身分認同」之後，神奇的一切就此發生。我從一位中年失業又失婚的平凡男子，突然間變成了一位既出書又主持節目還四處授課分享的不平凡大叔。我所憑藉著的，就是自己每一天透過寫作、採訪、授課、演講時公開宣告出下一個目標、下一個夢想，以及想要成為的下一個自我。一路走來，我深深認同把人生目標從出於恐懼、被動反應和短視近利，轉變為出於關愛、主動出擊與放眼長期，這才是通往成功和幸福人生的正確道路。

我們都不能改變過去曾經發生過的事情，但卻可以改變那些事件對自己的影響。除此之外，你我更應該選擇全心全意投入想要的那個未來自我，就像是吉米當年曾經勇敢做過的事情一樣。透過書中清楚整理列出「克服未來自我可能面對的七大威脅」、「與未來自我相處的七大真理」、「實踐成為未來自我的七大步驟」，從現在開始大膽想像、勇敢定義、承諾成為你的未來。

自己的人生，自己做主；自己的未來，自己設計。讓我們一起，預見未來的自我！

推薦序

時時刻刻走在人生意義的軌道上

李怡真——中原大學心理學系副教授、
正向心理學與情感科學實驗室主持人

不論你的生活重心是什麼，多數人的每一天，可能都充滿了各式各樣的短期目標和挑戰。這些目標的出現，可能是因為工作的需要、因為學習的需要、或是因為家人朋友的需要。

這些目標的達成，不僅帶給我們生活的方向感，也會帶來每天都有完成一些任務的成就感。但有時候我們也會從一個更全局的視角來審視自己的生活，甚至是截至目前為止的人生，看看自己是否有活在一個能帶來生命價值和意義的「軌道」上。這就很像是突如其來給自己一個小考，看看自己有沒有好好的安排自己的生活，但其實要在這場考試考得好卻極其困難，因為重要的人生目標往往需要仰賴長久而持續的經營，而完成當下目標總是比追求長期目標更為容易。

過去幾十年來，心理學領域已經累積了非常多的研究發現，告訴我們如何變得更快樂、如何讓生活更有意義。雖然這些心理學研究對於「如何讓人過得更好」都提供了一小部分的線索，但一般人要如何能從這一個一個獨立的研究發現中，找到一套有結構性的方法在生活中執行，其實並不容易。不過本書作者班傑明．哈迪博士對於人生目標的追求提供了一個非常簡單又容易想像的切入點：「想像未來的自己」。

例如：公開說出自己未來想成為什麼樣的人，或是製作一個屬於你的時間膠囊。這個方法雖然乍聽之下太過簡單，但作者在提供這個方法的同時，不僅從心理學的理論觀點和研究發現來解釋這個方法的理論基礎，並且運用每個人在日常生活中經常面對的困境，引領讀者突破思考以及行動上的盲點，進而對生活進行各種新的反思。同時，書中也提出一套具體的行動方案，讓讀者可以透過「未來的自己」、也就是書中「未來自我」的引領，一步一步朝目標邁進。

然而我認為實踐過程中真正的困難在於，面對時間的流逝，我們究竟要如何有意識地把握有限的時間，並且知道把時間用在更有價值的地方呢？我非常喜歡書中提到的：「當你只著眼在短期、極其有限的目標時，時光飛逝，如同在轉輪上不停跑著的倉鼠。」作者並沒有教你要成為時間管理大師，而是使用許多的比喻和實例，讓讀者洞察到我們常仰賴一些小成就或是小確幸來取悅自己，但是這些對你想要達成的首要目標，卻通常沒有太大幫助。因此作者在說明如何成為未來自我的步驟中，反而建議要減少次要目標，這樣才能集中火力在真正的目標上。

雖然時時刻刻走在活出生命價值和意義的「軌道」上並不容易，但是透過書中的方法，我們可以時時刻刻調整自己的方向，我相信那就是持續走在「成為未來的自己」的路上了！

推薦序

未來成真，源自你對自己的渴望與肯定

鄧善庭——諮商心理師

「不喜歡現在的自己」，是不少個案前來晤談的主因，這些不喜歡大多來自為了躲避某些令人害怕的事，才形塑了行為模式，但卻並非我們真正喜愛的生活狀態。例如：

小米身為家中不被偏愛的孩子，為了能夠被更多人看到、喜愛、認可，發展出討好他人的習慣。不被愛的恐懼讓他隨時關注別人的眼色與情緒，怯懦地順從他人、努力活成他人喜歡的樣子，卻忘記自己喜歡的樣子。

飛飛從小經歷父母離異，有著被照顧者忽視的孤單童年，無論怎麼哭泣都沒有人搭理，這讓他學習到軟弱與脆弱是無用的，甚至只會招來冷眼。因此總是與人保持一定的距離，用獨立自主證實自己的價值與能力，也斬斷了任何會受傷的機會。

這些行為模式很常見，都是為了躲避恐懼、避免傷害而逐漸建立起來的，就像作者描述人類的行為動機為「趨吉避凶」。諮商中，我們會與個案討論對「凶」的恐懼是怎麼來的，探索童年經驗與成長經歷對自己的影響，以更深刻地了解行為模式帶來的益處與副作用。這些都是早期的諮商理論所重視的，例如：精神分析學派，佛洛依德甚至認為六歲定終生，延伸而來的新精神分析也大多著重母嬰關係、依附狀態等。

但除此之外，從阿德勒以降的諮商理論逐漸著眼於「未來」，更重視我們如何能擁有更好、更喜歡的生活，因此和個案討論「目標」、「渴望」相當重要。比起被恐懼驅使，若能建立起對未來的想像（愈清楚愈好），會增添動力與希望感。後現代取向心理治療中的奇蹟式問句與水晶球問句就是如此，鼓舞個人探索不一樣的地方，思考假設性的解決方式，以開啟未來的可能性。

但設定目標也有許多眉角需要注意：焦點需放在自身（而非期待他人改變）、具體清楚且可達成（以免徒增挫敗）、用正向的詞語表述（例如：感覺平靜，而非「不生氣」）等。如果再搭配本書的說明與步驟，便能逐步建立起清晰的道路以供前行。

祝福大家都能成為心目中的「未來自我」。

「要活著，還是去死？叫人好生為難。」

—莎士比亞劇作《哈姆雷特》對白

閱讀時你會看到五十多張貫穿全書的概念插圖，圖中的一些想法令人難忘且有用。所有圖像是由Gapingvoid文化設計公司所創作。我第一次看到他們的插圖是在賽斯．高汀（Seth Godin）的《低谷》（*The Dip*）書中。我還委託 Gapingvoid 創建了幾面文化牆™，展示在我的辦公室各處。

前言

一八〇度翻轉心理學概念

「認定自己就是你想成為的那個人，你不再受困於現狀。」

——巴貝多作家內維爾．戈達德（Neville Goddard）[1]

二〇一五年十月四日的晚上，十七歲的高中生吉米．唐納森（Jimmy Donaldson）沒有溫習明天的歷史考試，而是忙著拍攝他的YouTube影片。

三年多來吉米非常勤奮地拍攝YouTube影片，但今晚錄製的內容卻跟以往不大一樣。之前他的影片多半是在評論電玩遊戲，或是討論知名網紅的生活或收入，而今晚吉米邀請觀眾聽聽他跟自己的親密對話。

在第一支影片中，吉米對六個月後的自己說了一些話。
在第二支影片中，吉米跟一年後的自己對話。
在第三支影片中，吉米對五年後的自己說了一些話。
在第四支影片中，吉米跟十年後的自己對話。

每支影片的長度僅約兩分鐘，都是一些尋常的對話，他並未做出任何瘋狂之舉。吉米在人生的幾個關鍵時刻，直率地說出他對未來自我的夢想和期許。

影片拍攝完成後，他並未像往常一樣立即上傳影片，而是打算配合影片的內容——從二〇一五年十月四日起算的六個月、一年、五年以及十年後——再公開發布。

六個月後，也就是二〇一六年的四月四日，第一支影片在吉米的 YouTube 頻道上播出了。[2] 影片一開頭，吉米把他的頻道現況顯示在電腦螢幕上。

我拍攝這支影片的時候，頻道訂閱人數大約是八千，瀏覽總數約一百八十萬次。所以不論你何時瀏覽這支影片，請你比較一下這兩個數字的變化吧。

接著，他便跟自己展開一段簡短的對話：

我想對六個月後的自己說些什麼？我希望到時候你仍然每天上傳影片，也希望你至少擁有一萬五千名訂閱量；要是沒做到的話，還挺糗的，到時候各位（面對觀眾說）就會像，怎麼說呢……反正目前，我還是很喜歡拍影片，也希望未來的我依舊喜歡。要是六個月內我的訂閱人數能暴增，例如：暴增到兩萬多人，那我會樂瘋的。

後來吉米不但順利達成自己設下的半年目標，而且當他在二〇一六年十月四日如期發布「致一年後的我」的影片時，訂閱人數居然比他半年前上傳的第一支「致未來自我系列」（*Future Me*）影片，大幅成長了十倍——高達二十萬人。之後他持續錄製瀏覽次數動輒達到數百萬的影片，影片內容也愈發大膽和創新。他還成功打造了 MrBeast——他的分身——這個品牌。

吉米錄製的那四支「致未來自我」影片，成了改變他人生的轉捩點。當吉米勇敢說出自己的夢想時，那些真實坦率的自我對話，就是他人生的重要轉折點（inflection point）。成為網紅的吉米在短短幾年內賺進了數億美元。

MrBeast 為了拍攝跟未來自我對話的影片而放棄溫習功課的那一晚，他的心態

公開說出
未來自我
想成為什麼樣的人，
就能立刻揮別你的過去

與志向就轉變了。大家也確實看到，吉米在二〇一五年十月之前與之後，拍攝的影片出現明顯的差別。在那之後，他減少拍攝隱身幕後打電玩的內容，而是更常現身在鏡頭前。他大力推展 MrBeast 概念和品牌，甚至還找來幾位朋友充當影片中的固定班底，全力支持 MrBeast 的理念。

他的第一支爆紅影片出現在二〇一六年六月一日那天，點閱量爆衝到二百萬次，累計總點閱量更超過二千萬次。影片內容是他與好友們點評 YouTube 最厲害的片頭自我介紹，影片中除了運用多種視覺效果，MrBeast 本人也顯得更有自信、更暢所欲言。[3]

後來他說自己更想拍攝一些有趣的特技表演，或是無厘頭的搞笑壯舉。例如：他買來一張戶外用的野餐桌，試圖用塑膠製的奶油抹刀把它切成兩半。為了完成任務，他花了六十多美元買來數千把塑膠奶油抹刀，並且花了幾天的功夫挑戰目標，該支影片的瀏覽數超過三百萬。[4]

二〇一六年八月二十三日，MrBeast 的朋友用一百捲保鮮膜把他包起來的影片又獲得二百萬的瀏覽數。[5]二〇一六年十月十六日，他上傳了一支短劇，劇中的他讀到每一則線上廣告都會立刻成真，[6]例如：當他讀到「獲得一台免費的 iPad」時，他家門口就會出現一台新 iPad；讀到「讓你的筆電速度變快一百倍」，正在使用的筆電立刻變成速度超快的新筆電。影片的結尾也很無厘頭：他與幾名友人說了一堆玩笑話後，把影片中使用的電腦弄壞，結束了這場冒險。該支影片讓MrBeast獲得九百萬的瀏覽。

二〇一七年一月八日，MrBeast直播「從一數到十萬」，[7]整場活動進行了快四十小時，還獲得二百多萬次瀏覽。一個月後，他分兩次挑戰「從一數到二十萬」，以及「從一數到三十萬」。[8][9]二〇一七年八月，他拍攝自己狂念另一名網紅羅根·保羅（Logan Paul）的名字十萬次。[10]

就像這樣不斷推出更搞笑且更無厘頭的特技，吉米逐漸脫胎換骨，變成了他想要的未來自我。他的實驗變得更加大膽，還把送錢當成壯大自我品牌的主要手段。

他在二〇一七年六月十五日發布了一支影片，內容是送一萬美元給一名街友。[11]之後他又給了十名街友每人一千美元。[12]二〇一七年八月十五日，他又在Twitch平台上隨機送一萬美元給一名直播主——這些直播主都是網路電玩高手。[13]每一名從吉米手中拿到天外飛來大禮的人，莫不喜出望外、樂不可支。

二〇一七年八月二十三日，吉米發布了一支打賞披薩外送員一萬美元的影片，片中自己被他們不敢置信的表情逗得開懷大笑。[14]一位年紀較大的外送員更是激動落淚，直說這筆鉅額小費對他夫妻倆有如雪中送炭，吉米則是給了他一個大擁抱做為回應。

二〇一七年八月三十日的影片中，吉米再次大撒幣，送給多位優步車司機共計一萬美元的小費。[15] MrBeast 除了送出高額小費給一些幸運兒——這些錢皆來自影片贊助人——還推出規模盛大的特技表演和遊戲，獲勝者都能贏得高額獎金。

他測試了需要多少顆汽球才能讓他「飛」離地面；他為了在州府老家的每一家渥爾瑪商店買一根士力架巧克力棒，開車超過一百小時；他還用一美分的硬幣支付一輛汽車的全額車款；贈送三百萬枚一美分的硬幣給他的第三百萬名訂閱者。[16][17][18][19]

他的第三支「致未來自我」影片預定在二〇二〇年十月四日上傳，此時的 MrBeast 已經成為粉絲人數成長最快的網紅了。他的訂閱人數突破四千萬人；成為一名家喻戶曉的網紅；經營著一份擁有三十多人團隊的事業；年營業額超過一億美元。

吉米的影片平均都有三千萬次的瀏覽量，有些更高達上億次。相較於之前上傳的「致六個月後的我」以及「致一年後的我」那兩支影片，十七歲的吉米在「致五年後的我」這支影片中，似乎多花了點心思。

現在我還在念高中，但是當你們看到這支影片時，我應該在，呃……我甚至不想上大學。這影片應該跳過大學的事。哇！也太誇張了吧！

他的腦子似乎飛快地轉動著。

現在是二〇一五年，天啊，要是我死了怎麼辦？

這個念頭顯然令他嚇了一跳，像是要阻止自己脫口說出一些話似地摀住了嘴巴，他的眼睛瞪得很大，看起來真的是嚇到了，但他繼續說道：

死了真的很奇怪，真的超怪的，人死掉真的超怪的啦。

吉米認真思考了「影片上架但人已不在」的可能性後，他開始對自己的未來認真了起來。

當各位看到這支影片時，如果我的訂閱數還沒破百萬，那我這一生就算失敗啦。我很希望到時候能擁有上百萬的訂閱量……我一定要達成目標！

吉米說出如此驚人的目標後，便頹坐在椅子上，再次陷入深思。他呼了一口氣，吹動了額前的瀏海。

天啊，那真的……

又說不下去了。他閉上眼睛、搖了搖頭，拼命思索自己究竟想表達什麼。他搖頭晃腦，眼睛盯著臥室的天花板。他深陷在那個未來自我中，完全忘了自己正在錄製影片。經過一番想像之後，他繼續對著鏡頭說了以下的話：

我還不知道我會念哪所大學。但是當你看到這支影片時，我應該已經從高中畢業、準備上大學了……我可能會把YouTube當做一份工作。希望如此……

也許……也許……。

他邊咬著自己的手，邊說出自己的夢想：

朋友們，我真心希望這個時候我有一百萬訂閱量了。未來的我，拜託你啦。

欸，我幹嘛咬自己的手？

他在影片的最後又說了一次：

這支影片公開時，我希望自己能有一百萬訂閱量。

二〇二一年的十二月，就在我撰寫這本書的時候，距離 MrBeast 的「致五年後的我」影片已經上傳一年多了。吉米的訂閱量超過八千二百萬，而且在影片中的特技表演也變得更加大膽。吉米不僅變成他夢寐以求的未來自我，而且不斷超越自己原本的設想。

在外人看來，吉米過去六年中的轉變令人難以置信。他從一名身無分文在臥室裡製作影片的十七歲少年，搖身一變成為國際知名人士。他不但成功致富，而且極富商業頭腦，他甚至渴望有朝一日能成為美國總統。

世界上是否存在著普通人可以遵循的方法，讓我們能在自己的生活中創造類似的結果？答案相當振奮人心：確實有。最近的心理學研究為 MrBeast 的驚人轉變，提供了一個極其簡單的解釋，各位讀者也可以在自己的人生中應用，以獲致理想的結果和改變。

本書將告訴各位讀者具體的方法。

新興心理學證實人是由未來所驅動

「長期以來心理學一直被框架主導，亦即人和動物都是由過去所驅動。」[20]

——心理學家馬丁·塞利格曼（Martin Seligman）等人。

從十八世紀末到十九世紀末，心理學領域聚焦於探討人類的問題，被稱為**病理學**（pathology），其理論和療法以緩解憂鬱症和自殺之類的問題為中心，至於如何讓人類欣欣向榮的概念則尚未獲得重視。

在這段期間，科學認為人類是自身過往的直接副產品，這種觀點被稱為**決定論**（determinism）：認為人類接連做出的種種行為，只是被前方骨牌推倒的其中一張骨牌，[21][22][23][24]過去事件的骨牌決定了你是誰，以及你現在正在做什麼，當中不存在自由意志或人類施為（human agency，指人類進行選擇並以選擇來影響世界的能力），只有刺激和反應。

換句話說，從決定論的角度來看，今天你的人生是你過去人生的二級綜合（the secondary synthesis）。決定論雖是主流觀點，卻極度消極且充滿侷限性：如同有人提出諸多問題（problems），卻只能從其過往經歷來解釋。更可悲的是，心理學的主要功能居然僅是解釋問題，而非解決問題。

到了一九九〇年代，一群自稱為正向心理學家（positive psychologists）的改革派學者，對心理學的這些核心教條出了各種質疑，並且進行各式各樣的實驗，試圖搞清楚什麼使人快樂、健康和成功。

拜科技和神經科學的突破所賜，這項研究為「是什麼造就了一個人？」，提供了一幅截然不同的畫面。事實上，現代研究提出的解釋，與心理學的固有

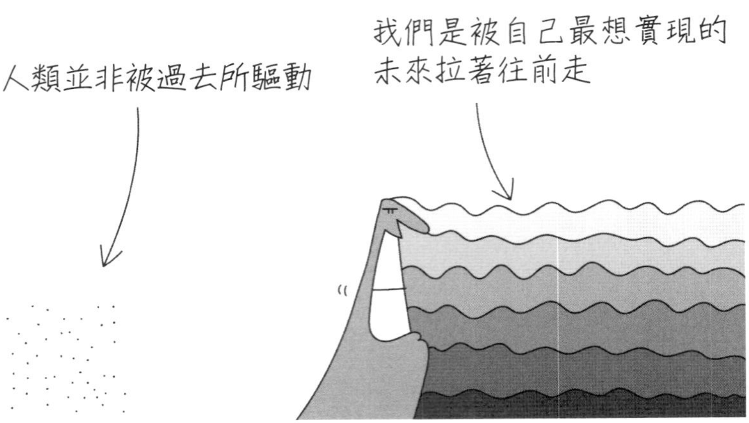

人類並非被過去所驅動
我們是被自己最想實現的
未來拉著往前走

信念幾乎完全相反。根據研究顯示，一個人的過往並不能驅動或支配其行動和行為；相反地，**我們是被自己的未來拉著往前走**。[25]

人類有個特點是地球上其他物種都沒有的：人不僅有能力思考自己的未來，而且有能力為我們的未來設想無數的可能情境。此外，人類能夠深入思考我們的潛在前景。[26]例如：你的面前可能有很多潛在的選項，像是從事某種工作或想待在哪裡，是要搬離他鄉、還是留在家鄉打拼。我們能實現的潛在未來數以百計，也可以為自己的人生做出無數的決定。我們思考這些選項，最終做出前往哪個方向的決定。

心理學家把這種人類獨有的能力稱為「展望」（prospection），而我們所做的一切都受到自己對未來的展望所驅動。[27]展望是以**目的論**（teleological）的世界觀為基礎，該理論認為，人類的所作所為都是由目標所驅使，無論是短期目標還是長期目標。[28]

依此觀點，人**類的每個行動都有個目的**（purpose），目的的另一種說法則是**目標**（goal），所有人類的行動全都是由目標所驅動，即便人類在行動時沒有意識到。例如：走去冰箱拿食物的行為，你可能是被填飽肚子、分心或是嘴饞的目標所驅動。不管是哪一個目標，其背後的目的都是讓人走向冰箱的驅動力。

上學則是另一個例子。人們求學都有原因，每位學生各有不同的求學目標。某一位學生可能是想進名校大學，另一位學生可能是被父母逼迫卻不敢違抗。儘管促使這兩位學生坐在教室裡的內在原因截然不同，卻滿足了相同的目的。

雖然學生上學的目的既非有意識而為之、也不感動人心，但是都有其原因。即便是嗑藥或是沉迷於社群媒體的目的，只是為了逃避現實、想要立即獲得心理上的滿足感，其行動仍舊是由目的所驅動。你可以問自己以下這些問題：

- 從事這個活動的原因或目標是什麼？
- 我能從中得到什麼好處？
- 這個活動會把我帶到哪裡？

要理解特定的事件或行動，有三個層次：

1 什麼；
2 如何；
3 為什麼。

第一個層次能夠解釋發生了什麼事，例如：你指出小明去上學了。第二個層次是在解釋該行為如何發生，例如：你指出小明是搭車去上學。第三個層次用來解釋為什麼會發生此一行為，人類做每件事都有個「為什麼」，這就是他做那件事的理由或目標。

知道「為什麼」是最深刻且最強大的知識形式，因為「為什麼」就是「什麼」和「如何」背後的驅動力。當你搞懂股市漲跌的原因，就相對容易做出明智的投資決定；當你明白某人為什麼會做某件事情時，就能理解他們的行動和行為。

人類行為的背後一定有個原因或目標，所有的人類活動都有個目的或理由。當你清楚且更有意識地選擇目的和目標，自然就知道該「如何」做。你的行為遵循你的目標和目的。一旦沒有目的意識，「如何」就會變得衝突和混亂。

目標或動機不外乎兩種：趨吉或避凶。[29][30] 做任何事情的原因，要麼是為了得到你想要的事物，要麼是為了避開你不希望發生的事情。一般來說，八〇%的人主要受到恐懼或避凶所驅動，而二〇%的人則是受到趨吉和勇氣驅動。心理學家大衛・霍金斯（David Hawkins）指出：

> 廣告業利用我們的恐懼來向我們銷售產品。悲傷與過去有關，但恐懼，按照

一般人的經驗，跟未來有關。恐懼是普通人在日常生活中的情感體驗，例如：擔心、焦慮或恐慌……恐懼是一種臭味，是對未來的害怕。[31]

不論你的行事動機是趨吉還是避凶，都是為了某種目標，例如：你出於不想失去房產而工作，這便是一種由避凶所驅動的目標。如果你是為了升職而工作，則較偏向趨吉所驅動的目標。你的理由或目標，無論是積極還是消極、為了趨吉還是避凶，都是你的想法、能量和行動的驅動因素。人類的所作所為全都基於我們如何看待未來自我，有可能是一個我們試圖避免的未來，但也可能是我們試圖創造的未來；未來可能是數十年或幾秒之後。

一般人的行動不但被恐懼驅動，而且多半被短期的目標驅動，例如：分心於社群媒體而非認真工作，只是想消磨工作日、期待週末假期、等著發薪日支付帳單等。饒舌歌手五角（50 Cent）與作家羅伯·葛林（Robert Greene）在《想生存、先搞定遊戲規則》（*The 50th Law*）一書中曾提及：

> 人類身為有理性、有意識的生物，會不由自主地想到未來。但是大多數人出於恐懼，將他們對未來的看法局限在一個狹窄的範圍內：僅思考明天或是未

來幾週的事，或是對未來幾個月僅有個模糊的計畫。我們往往只顧著處理眼前的諸多戰鬥，很難抬高目光放眼未來。但這卻是一條力量法則：我們對未來的考量愈長遠、愈深刻，我們愈有能力按照自己的願望，創造想要的未來。[32]

比起被勇氣和願景所驅動，被恐懼驅動是一種層次較低的意識狀態。若不想被恐懼驅動，並且提升自我採取接納、勇氣和關愛做為行動的理由，你需要深度地發展情緒。

一些心理學家認為，人類之所以未能有效思考幾年或幾十年後的未來，除了人類的行動主要被恐懼驅動之外，還被演化支配。[33] 以狩獵採集維生的人類祖先，並不需要為六十五歲以後的退休人生預做計畫，

大多數人的行為是受到以下兩種因素所驅動

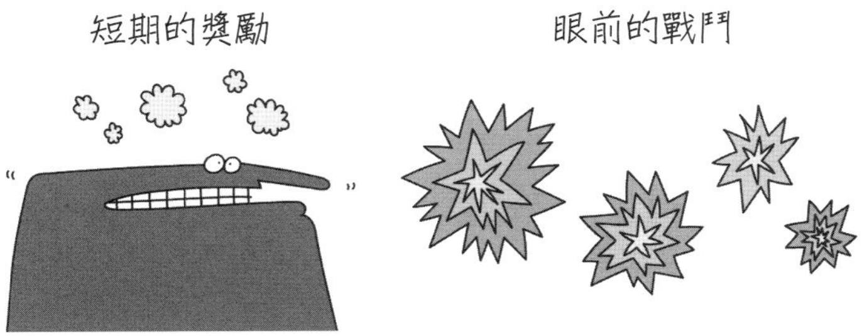

相反地，他們會為了下一頓飯還沒有著落，或是如何不成為猛獸的山珍海味而大傷腦筋。

下面這個例子能進一步證明人類很難前瞻思考：美國人開始做退休計畫的年齡中位數是二十七歲，然後用將近四十年的時間來達成目標，最終退休金存款的中位數為十萬零七千美元。雖然這個數字對二十七歲的年輕人來說，似乎很不錯，但是實際上卻代表你退休後，每個月只有三百一十美元的收入（約新台幣九千八百元）。不妙吧！

再者，人們很難思考與制定長期策略的另一個原因是，在過去的一百五十年裡，人類的平均預期壽命幾乎翻了一倍。一八六〇年代的美國人，平均預期壽命僅有三十九歲，展望和規畫未來八十年的事，確實有點強人所難。

想要過上充實的人生並非易事，因為有很多事情無法順心如意。不過，把人生目標從出於恐懼、被動反應和短視近利，轉變為出於關愛、主動出擊與放眼長期，確實才是通往成功和幸福人生的道路。至於你對未來自我抱持的觀點，則是引領你前進的指南針。

這就是目前正在蓬勃發展的研究領域：人生展望、身分以及未來自我。愈來愈多的心理學家都在探究個人對於未來自我的看法，可見其重要性不容小覷。許多知名的心理學家也紛紛在TED發表相關的演講，主題皆是探討個人與未來自我建立連結的重要性，以及如何創造未來自我。

以下便是近幾年來心理學家們在TED論壇所做的主題演講，提供你參考：

- 未來自我的心理學（*The psychology of your Future Self*）[35]
- 現在的自己和未來自我之間的鬥爭（*The battle between your present and Future Self*）[36]
- 向未來自我提問（*Essential questions to ask your Future Self*）[37]
- 通往未來自我的旅程（*A journey to your Future Self*）[38]
- 來自未來自我的指導（*Guidance from your Future Self*）[39]
- 向未來自我問好（*Saying hello to your Future Self*）[40]
- 怎樣才能幫助未來自我？（*How can we help our Future Selves?*）[41]
- 未來自我的前瞻思考（*Thinking forward for your Future Self*）[42]
- 如何讓現在的自己成為未來自我（*How to make our present self become our Future Self?*）[43]
- 挑戰未來自我（*Challenge your Future Self*）[44]
- 如何邁向未來自我（*How to step into your Future Self?*）[45]

隨著人生展望與未來自我的科學研究日益蓬勃發展，未來自我的教練、各種冥想方案也應運而生。目前這領域還算最前瞻的心理學研究，未來自我科學正方興未艾，相信在未來的二十年間將不斷壯大。然而，迄今還沒有一本專門探討這領域的權威著作，我將透過本書向各位介紹截至目前為止的最新科學成果。各位能夠透過這本高度實用的書學到以下內容：

- 未來自我科學知識；
- 如何跟你所期望的未來自我建立連結，並且打造你想要的未來自我；
- 如何打造一個遠遠超乎你目前能想像得到的未來自我，就像MrBeast那樣。

你與未來自我的連結品質，取決於你現在的生活和行為的品質。研究顯示，你與未來自我建立的連結愈強，你當下做出的決定就愈明智。當你有意識地顧及未來自我，你更有機會為自己預先備妥富足的退休生活，而且還會積極鍛鍊身體、注意飲食健康，所以不太可能參與犯罪或做出毀滅自我的行為。[46,47,48]

未來自我的概念明明很簡單，卻很少被實踐。實踐方法同樣很簡單，想做出明智的決定，只要先知道目前每個決定選項會把你帶往何處。從你期望得到的結果往回推，便能做出最棒的決定，同時採取最適當的行動。不是朝著目標走，而是思考和行動都從目標出發，你的大腦會自動操作。事實上，現今的神經科學家一致認為，大腦基本上是一台「預測機器」，引導行為走向預期的未來，[49] 而學習則是能夠更新和改進大腦預測的過程。[50]

你愈清楚自己想要達到的境界，就愈不會被無止盡的選擇干擾分心。當你與未來自我脫節時，你就會被眼前的緊急目標困住，從而在當下做出品質低劣的行為，這往往也是大多數人的常態。

許多人的行動主要被短期的目標所驅動，他們無法顧及做出這些決定可能產生的長期後果。卡通《辛普森家族》（*The Simpsons*）第二十二季第三集〈魔霸〉（*MoneyBart*）便描述了此一情況，劇中的荷馬是個不負責任的父親，只會藉酒澆愁逃避自己應負的責任。[51]

他的老婆美枝試圖讓荷馬回到正軌，她苦口婆心地勸荷馬：「總有一天，孩子們會離家自立生活，到時候你會後悔自己沒有多花時間陪伴他們。」「那是未來的荷馬要面對的問題，我一點也不羨慕那個傢伙。」說完荷馬就把伏特加倒進美乃滋罐裡喝完，接著便因心臟病發作而倒下了。

雖然觀眾在螢幕前大聲嘲笑荷馬，但是其實我們心知肚明，自己何嘗不是如此。即便我們沒有沉溺於美乃滋和伏特加、置孩子們於不顧，但我們也總是把問題丟給未來自我。喜劇演員傑瑞・史菲德（Jerry Seinfeld）曾於一九九〇年代在《大衛・賴特曼深夜秀》（*The Late Show with David Letterman*）中，討論了人類的這種困境：

我曾看到一則廣告，我很喜歡它的概念：「六月前不用付款」。人們的反應是：「哦，六月，六月還早嘛。」他們放心地買，並對自己說：「反正到了六月，我肯定會有一些錢。」我自己也是這樣。

就像夜深了，我心想：「夜深了，但我玩得正開心呢，不想去睡覺。」我是夜貓子。現在去睡覺，然後五個小時後起床？那是早起鳥的問題，讓他去煩惱這個問題吧。我是夜貓子，我得出去玩。然後在睡了五個小時起床後，你很暴躁，也很疲憊。夜貓子總是令早起鳥非常不爽。但是早起鳥沒有任何辦法能報復夜貓子。

早起鳥唯一能做的，就是試圖睡過頭讓自己丟了工作，然後夜貓子就沒錢出去鬼混了。

賴特曼笑著回答說：「你把現代美國二元對立的生活型態說得真貼切。」[52]因為我們與未來自我脫節，於是我們選擇追求眼前的目標或及時行樂，但是短視的行動最終會令未來自我付出慘痛的代價。[53]專門研究未來自我的哈佛大學心理學家丹尼爾・吉伯特（Daniel Gilbert）便提出質問：「我們為什麼要做出令未來自我後悔的決定？」[54]此一質疑帶出一個違反直覺、卻相當重要的事實：你與未來自我連結愈強，便能在當下活得愈好。

- 驅動一個人的行動和行為的不是過去而是未來。
- 目標不外乎兩類：趨吉或避凶。
- 與未來自我建立連結，你便能欣賞、擁抱且熱愛當下。
- 與未來自我連結，你就能在當下創造目的和意義。
- 與你的長期未來自我連結，你今天做的決定就會更好、更明智。

與你的未來自我連結，能使你快樂、有生產力和成功。最神奇的是，與未來自我建立連結，可以提升你的現況與當下自我。你會真心感恩當下，視其為一座價值連城的金礦。想要活力充沛地活在當下，與未來自我建立連結就對了。

「當下自我」與「未來自我」密不可分

一天我下班開車回家途中，疲憊像烏雲般籠罩著我。

平時結束一天的工作回到家後，我的心情總是很輕鬆，但今天不一樣，因為我滿腦子都想著這本書，以及未來自我的研究。我怎樣才能利用所學的知識，成為一位更好的丈夫？我怎樣才能與未來自我連結，成為六名孩子的好爸爸，在我回家之際，他們會渴望得到我的關注？說實話，我已經意識到，儘管不願意承認，但我明明很想陪伴家人，卻總是心有餘而力不足。

當車子開進社區時，我先把車子停在路邊，認真思考到家時我想呈現什麼面貌。我想起了未來自我，二十年後的我已經五十三歲，六名孩子早已成年，恐怕都不住在家裡了。坐在熄火的車裡，在離家不遠的地方，我問自己：「如果五十三歲的我還能一如往常地回家，我會如何度過一天最後的時光？未來的我有什麼感受、會怎麼做？」

我突然想起大屠殺的倖存者、奧地利精神病學家維克多・弗蘭克（Viktor Frankl）說的一段話：

> 活著，就像你第二次活著，而你第一次活著時，就跟你現在的所作所為那般錯誤！

在我看來，沒有什麼比這句格言更能激發一個人的責任感了，首先，它請你想像現在就是過去；其次，過去仍能被改變和修正。[55]我決定嘗試一下弗蘭克的想法。我決定以未來自我的身分度過今天最後的時光，彷彿未來的我有機會

與你的未來自我建立連結，
就是認真活在當下的祕訣。

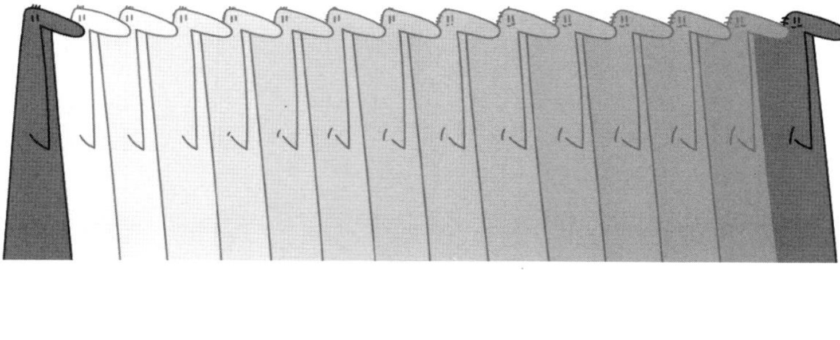

穿越二十年前的時空，回來重溫今天剩下的時間。

當我把車停在自家的車道上時，三歲的菲比正在外面等我。「爸爸！」一看到我，她興奮地跳來跳去。看著我可愛的女兒，我知道二十年後的未來自我，會不惜一切代價來體驗這一刻。

化身成未來的我後，我對此刻的看法與平時截然不同，我被自己對女兒的愛感動到落淚。我意識到她是神送給我的一份完美禮物。我跳下車抱住菲比，好像我有二十年沒見到她了。「你想跑給我追嗎？」

「好啊！」她咯咯地笑著跑開了。我也笑著追她，把她擁入懷裡，緊緊地抱著她。

這真的是我的人生？

我怎麼會如此幸運？

我開始以截然不同的眼光看待街坊鄰居和居住社區，我對自己經歷的這一切感到敬畏，並意識到自己正站在聖地上。我和菲比幸福地玩了大約五分鐘，還拍了一張自拍，好永遠記住我的未來自我，穿越時空回來和他的小女兒一起玩耍的美好時光。菲比跟著我走進屋裡，其他幾名大孩子就跟普通的孩子一樣，精力充沛地互相吵鬧著。妻子蘿倫則在廚房裡忙得不可開交，既要做晚飯，又得抽空照顧小雷克斯和柔拉。

平常的我可能會出聲喝斥、糾正那幾名大孩子，或是假裝沒事走開。但是今天，我是以未來的我看待這一切，所以家人對我而言比平時重要多了。我非但沒有因為家裡亂成一團而煩躁，反而滿心歡喜地接受散落在房子四周的玩具。擺在廚房餐桌上的課本和作業簿也令我開心。我好高興孩子們一起玩耍。妻子蘿倫，她的美麗令我意亂情迷。我何德何能竟能過上如此神奇的美好生活？

十歲到十四歲的那三名大孩子開始打鬧也沒令我發火，我很訝異自己竟然如此深愛他們。對未來的我來說，這三名孩子都是三十多歲的成年人了，要是他們能回到這個家，哪怕只停留五分鐘，未來的我會對他們說些什麼？我相信未來的我最想做的，必然是傾聽、學習與肯定他們。我把傳說中的棉球從我的耳裡掏出來，放進嘴裡。

我傾聽了。

我投入了。

我笑了。

我愛了。

我連結了。

此時內心是向上提升、進化與深層的轉變。平常會惹惱我的事情，現在全變得微不足道，我整個人處於心平氣和的狀態，甚至愛上了那些經常惹我生氣的事。我不僅感受到自己的存在和參與，甚至行為舉止都懷著更大的善意、更開闊的視野，以及更高層次的智慧。我的未來自我以截然不同的方式處理當下的現況，而且比現在的我做得更好。

以未來自我的身分過生活，改變了一切。更難能可貴的是，我充分意識與體認到，二十年後的未來自我不一定會出現在

2021 年 10 月 30 日，我化身為 53 歲的未來自我與菲比玩耍。照片：作者提供。

這裡。我有可能已經離開人世了。最近一位朋友的二歲孩子，不小心被窗簾的拉繩纏住脖子而死於一場可怕的悲劇。「Memento Mori」是一句古老的斯多葛學派術語，意思是「人終將死」，務必珍惜和感恩活著的每時每刻。

可悲的是，我經常錯過身邊的美好時刻。因為缺少目標和使命感，致使我未能感恩眼前擁有的事物，未能珍惜當下的無限價值，只因為我跟未來自我脫節了。弗蘭克建議我們想像這一刻已經過去，逼自己面對未能用心活在當下的負面後果。

與你的未來自我連結，讓你更理解和感恩當下這一刻的珍貴，這就是為什麼未來自我的研究如此備受矚目。透過未來自我的雙眼觀看你當下的生活，你將會看到以前看不到的機會。如果你與未來自我保持連結，你就會珍惜你的當下。

你怎麼看待未來的自我？

如果未來自我在二十年後與你對話，他會怎麼說？

未來自我會如何看待你的現況？

若行動時能夠考慮到未來自我，你的行為會有什麼不同？

你絕對可以改變，而且更活在當下

在後續的內容中，各位將學會如何現在就成為未來自我。現在就成為你的未來自我，可以創造出你想要的人生。MrBeast的巨大成功，來自於他全心投入自己想要的那個未來自我。他的勇氣讓他持續不斷地刻意練習，這是發展任何一種專業知識的系統性方法。[56][57]刻意練習必須針對特定的目標，你要像MrBeast一樣，對你的未來自我有個明確的觀點。[58]

管理學大師史蒂芬．柯維（Stephen Covey）曾說：「精神的構思永遠先於物質的創造。」[59]那些創造出重大事物的人，都是先在腦海中看到它，然後朝著它的形象努力。隨著不斷向前邁進，他們的視野變得愈發清晰、擴大和進化。就連《聖經》也寫道：「信就是所望之事的實底，是未見之事的確據。」[60]無論現在你是什麼樣的人，都是你的未來自我之「確據」。你對未來自我的投入程度與抱持多大的信心，皆是你所做的每件事、所想的每個念頭之確據。

一旦確立了自己的目標，並且打定主意全心投入，就會看到所有能夠幫助你達成目標的事物。心理學家稱其為**選擇性注意**（selective attention）。[61]你會看到你正在追尋的事物；你會看到你在意的事物；你關注的事物會擴大。美國心理學之父威廉・詹姆斯（William James）說：

> 數百萬種外在事物呈現在我的感官面前，卻從未真正進入我的體驗中。為什麼呢？因為我對它們沒興趣。我的體驗是我同意關注的事物。[62]

你不僅會看到你正在追尋的事物，你還會朝著你最想要、且打定主意要得到的事物採取行動。**信仰是行動和力量的原則**。透過信仰，你可以移山、把人送上月球、賺取數百萬美元，以及治癒無藥可救的絕症。想要發揮無比

強大的信仰力量，你必須對自己真正想要的事物打造出願景。誠如美國作家芙蘿倫絲・希恩（Florence Shinn）所說：「知道你已經得到了，然後依此行事。」[63]

> 知道無論你想要什麼，都是你的了。
>
> 表現得就像你想要的一切都可以、也將會是你的。

事實是，我們早就這樣做了，目前真正的挑戰在於：人被自己對未來的看法所驅動，那麼如何磨練我們去設想自己的未來自我呢？

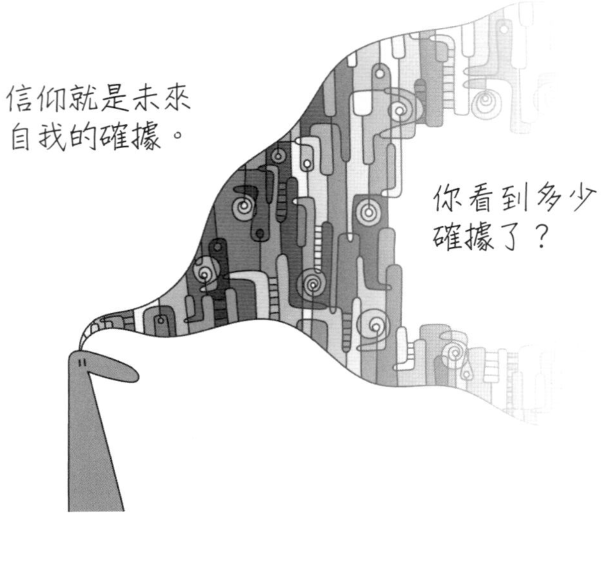

為什麼目前你會投身那個特定的未來？
如果你全心投入自己真正想要的事物，情況會如何呢？
如果你選擇別的事物，情況又會變成什麼樣子？

當你一〇〇%投入你想要的事物，也知道最終結果是你的了，你創造的未來就會有愈來愈多的確據。你不會再把達成目標視為一件苦差事，相反地，你會為了沒能朝向夢想前進而痛苦萬分，並且不再把短期快樂當做避風港。

你將變得異常勇敢。
你將與志同道合的人建立指導傳承與合作關係。
你的心態、信念和心理模式將會改變，你看世界的眼光會跟從前的自己截然不同。

你會得到更好的結果，誠如領導力專家吉姆．戴思默（Jim Dethmer）、黛安娜．查普曼（Diana Chapman）和凱莉．克蘭普（Kaley Klemp）所說：

全心投入是對你想要「什麼」所做的宣言，你可以從結果得知你正全心全意投入其中，而非口說無憑。我們全心投入，我們產生結果，結果乃是全心投入的證明。64

你的身分隨著你的行為而改變了。你的身分是你最應該全心投入的事。你的身分是以你的願景為基礎，當你改變了全心投入的願景時，身分立即改變，從而立即改變了你的思想和行為的走向。

全心全意擁抱未來自我相當需要勇氣，而且時間有可能比你預期的更長。你也確實會遇到阻礙，但是只要下定決心，沿途所面臨的一切，都會成為你追求未來自我的必要能力。你遭遇的一切會強化你的決心。你能夠把所有經驗轉化為收穫，讓你走得更遠，而且獲得超乎想像的進步。當你一〇〇%投入且堅定不移時，**你一定能想得出辦法**。天無絕人之路，詩人愛默生（Ralph Waldo Emerson）說：「當你做出決定，宇宙會設法令它成真。」

就像MrBeast一樣，你可以創造一個完全超乎你目前所能想像的未來。就像我跟女兒菲比一樣，你也可以今天、立即改變舊有的模式，而第一步便是決定你的未來自我想成為什麼樣的人，然後現在就成為你的未來自我。歡迎各位到 FUTURESELF.COM 索取更多資訊，也請記得寫一封信給你的未來自我，然後設定好這封信會在特定時間寄回給你，就像當初 MrBeast 預先安排好每支影片的發布日期一樣。

本書的第一篇將分析未來自我可能面對的**七大威脅**，第二篇是要告訴各位，關於未來自我的**七大真理**，第三篇則提供了**七大步驟**，教各位如何從現在開始想像、定義並成為你的未來自我。

想要自在活在當下的祕訣，就是創造你想要的未來，這概念有其科學根據，並非信口開河。本書結合了古人的智慧與最新的科學研究，用深入淺出的方式，讓各位明白如何徹底改變自己的人生。

你準備好了嗎？

我們開始吧，敬你的未來自我一杯！

第一篇

勇於面對未來自我的七大威脅

「希望是人類的一個重要部分，沒了希望，我們就會枯萎和滅亡。」

——創意行銷大師賽斯．高汀（Seth Godin）[1]

威脅一 對未來不抱希望，你的當下就失去了意義

威脅二 不願正視你的過去會阻礙你的未來

威脅三 覺知你的環境才能創造你想要的未來

威脅四 與未來自我脫節令你做出短視近利的決定

威脅五 一味追求眼前微不足道的目標令你陷入困境

威脅六 不上場實戰註定會失敗

威脅七 取得成功反而成了失敗的催化劑

人有個特點：唯有展望未來才能活下去。

——維克多·弗蘭克

維克多．弗蘭克從小就充滿好奇心，而且樂於助人，還不到十歲便立志長大後要成為一名心理醫師。

維克多在一九〇五年三月二十六日出生於奧地利的維也納，是家中三名孩子中的老二。他母親來自布拉格，是一位心地善良、信仰虔誠的女性；他父親則從低階的政府速記員，一路打拼到社會福利部的主任。

維克多從高中便開始研讀心理學，還跟世界級的心理學大師佛洛伊德通信。維克多把自己寫的一篇文章寄給佛洛伊德，後來該文章被刊登在《國際精神分析期刊》（*International Journal of Psychoanalysis*）上。

一九二五年，也就是維克多大學畢業後一年，他開始對另外一位極具影響力的心理學家阿德勒（Alfred Adler）的思想產生興趣。之前阿德勒曾與佛洛依德共事，但是後來兩人因理念不合而分道揚鑣。阿德勒的理論聚焦於社群與社會改革，旨在幫助個人克服自身的自卑感，達到內外兼修的境界。

那年維克多發表了另一篇文章，探討心理治療和哲學之間的問題，並且強調意義和價值的重要性，這些主題成為他一生研究的核心課題。佛洛伊德和阿德勒都強調人的「過去」是個人發展的核心面向，然而弗蘭克卻是關注人的「未來」，認為未來才是個人發展的核心面向。弗蘭克把正在開發的理論稱為**意義療法**（logotherapy），他認為一個人能否實現自己理想的未來、過上有意義的人生，攸關此人的發展及其心理健康。

弗蘭克完成醫學博士的課業後，隨即於一九二八年至一九二九年間，在維也納等七座城市成立免費為青少年諮詢的機構，此舉讓學生的自殺人數大幅下降。弗蘭克也因此備受國際矚目，受邀加入歐洲各地頗具影響力的大學和心理學家協會。

一九三一年弗蘭克從醫學院畢業，便在維也納的瑪麗亞・特雷西恩・施洛斯爾神經醫院（Maria Theresien Schloessl Neurological Hospital）的精神病科，擔任自殺婦女病房的主治醫生。一九三七年三十二歲的弗蘭克開設了自己的精神科診所，但是幾個月後德國便入侵奧地利，弗蘭克為了逃避納粹抓捕，回到他父母家中執業。

後來弗蘭克在羅斯柴爾德醫院（Rothschild Hospital）擔任神經科主任期間，開始撰寫他的第一本著作《醫生與心靈》（*The Doctor and the Soul*），這本書中闡述了他的革命性發現，亦即人若想活出幸福和健康，必須有個未來的目的。[2]

一九四二年弗蘭克與緹莉・葛羅瑟（Tilly Grosser）結婚，緹莉是他在羅斯柴爾德醫院工作時認識的護士。然而兩人結婚才過數月，弗蘭克夫婦及其父母全被納粹逮捕，送往現今位於捷克的特雷西恩施塔特的特雷津集中營（Theresienstadt Terezin Camp）。六個月後，他父親便因饑餓和身體孱弱而過世。

在這座殘酷的集中營裡，弗蘭克仍持續研究，關注俘虜因心理壓力可能造成的潛藏危機。弗蘭克還與史上第一位女性拉比雷吉娜．喬納斯（Regina Jonas）合作，幫助其他俘虜在痛苦中找到活下去的意義，化解他們想要自殺的念頭。

弗蘭克夫婦與弗蘭克六十五歲的母親，在一九四四年被運往慘絕人寰的奧斯威辛的比克瑙二號集中營（Auschwitz-Birkenau）。不久後，弗蘭克的母親在毒氣室慘遭殺害，緹莉則被轉送到貝根–貝爾森（Bergen-Belsen）的另一座集中營。與緹莉分開後而大受打擊的弗蘭克，則被牛車運到考費林和蒂爾克海姆的勞改營（Kaufering and Türkheim）。

被擄至奧斯威辛集中營期間，弗蘭克的《醫生與心靈》手稿被納粹搜出並銷毀。除了家人以外，這份手稿是弗蘭克最珍貴的財產，他一直把手稿藏在衣服裡，用生命保護著。這些文稿記載他用來減輕病患的痛苦、賦予其生存希望和意義的重要觀點。

他下定決心要重寫並出版這本書、與妻子和家人團聚，這份信念讓弗蘭克沒有全然喪失希望，他指出：

被帶到奧斯威辛集中營時，我原本準備出版的手稿被沒收了。而我想重寫這部手稿的深切渴望，幫助我在集中營的殘酷環境中活了下來。[3]

一九四五年弗蘭克感染了傷寒，為了避免致命的心血管性虛脫，他在夜間用營地辦公室偷來的紙條重寫《醫生與心靈》，使自己保持清醒。所幸，美軍最終在一九四五年四月二十七日解救了這座集中營，而弗蘭克一離開就急著尋找緹莉及家人，但是直到回到維也納，他才得知緹莉、母親和兄嫂全都過世了。

遭受沉重打擊的弗蘭克，有幸獲得友人的支持，決心重寫他的書。一九四六年弗蘭克成為維也納神經病學中心主任，任職長達二十五年。期間他不但完成《醫生與心靈》一書，還附加一章專門探討他在集中營從事的心理輔導工作。這是戰後維也納出版的首批書籍之一，初版在上市幾天內就銷售一空。

弗蘭克又花了九天時間，將他在集中營裡的經歷口述成他最著名的作品《活出意義來》（*Man's Search for Meaning*）。一九四六年一整年，他參與公開演講，致力於闡述其核心思想：人生的意義、復原力，以及身處逆境時仍擁抱生活的重要性。之後弗蘭克再婚、出版了許多本書，還發展出他獨創的意義療法。

維克多·弗蘭克成為二十世紀最重要的人物之一，《活出意義來》售出了數百萬冊，為許多人提供了希望和療癒。在這本書中，弗蘭克分享了尼采的話：「凡是知道為何而活的人，不管遇到什麼事，都知道該如何活下去。」

從弗蘭克的角度來看，不論遭遇什麼狀況，都必須對未來抱持明確的目標，這種心態對創傷尤其重要。所以一個人的未來自我，最根本的威脅不是失去自由，而是找不到活著的目的和意義。

弗蘭克的故事提供了一個驚人的例子，顯示未來自我所受的威脅有多嚴重，當你的未來喪失目的時，你便死在當下了。

凡是知道為何而活的人，
不管遇到什麼事，
都知道該如何活下去。

威脅一

對未來不抱希望，你的當下就失去了意義

「你擁有的最大資產，是對你想到達的境界、想成為什麼樣的人懷有一幅願景。沒有目標很難得分。」

——英國廣告奇才保羅·亞頓（Paul Arden）[4]

與你的未來目的脫節，
你的當下就成了一座監獄。

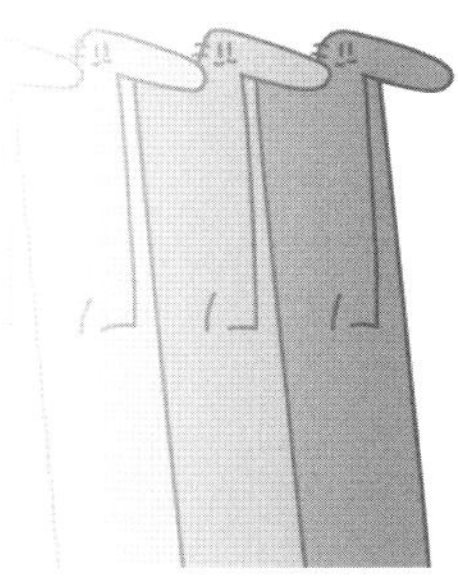

當年弗蘭克在集中營裡，可以極其準確地預測其他俘虜何時會死亡。當某人失去生存的目的，弗蘭克會從他眼中看見生命光輝跟著消失。他們不願意再跟別人分享每天的一塊小麵包，與他人斷絕聯繫，衝動地尋求短期的快樂來麻痹自己，企圖擺脫當下的痛苦。喪失活著的目的導致身體的死亡。

當忍受痛苦失去了意義，或是沒了前進的希望，人不可能感到快樂。當他們失去了活下去的目的，當下的經驗便成為一座監獄，只能靠著緬懷過去、自殺或是另一種形式的惡化來逃避。

當他們失去活著的「理由」，剩下的每一盎司生命，都被用來逃避當下的痛苦，直到像溺水者般嚥下最後一口氣後，氣絕而亡。

弗蘭克在《活出意義來》中寫道：

> 對未來失去信念的俘虜，難逃一死。當他對未來喪失了信念，他也會喪失精神上的堅持，任由自己的精神和身體日漸衰弱……。
>
> 但凡知道一個人的心態——他的勇氣和希望，或是害怕與失望——攸關身體免疫能力的人，就會明白突然失去希望和勇氣會產生致命的影響……。

任何想要透過〔治療〕方法，幫助俘虜對抗集中營〔心理〕影響的嘗試，都必須為此人指出一個可以期待的未來目標，讓他獲得內在力量。一些俘虜會出於本能地靠自己試圖找出這樣的目標，人有個特點——放諸四海皆準的永恆真理（*sub specie aeternitatis*）——唯有展望未來才能活下去。這是人在生死存亡時刻的救贖。[5]

弗蘭克使用了「放諸四海皆準的永恆真理」一詞，不論是弗蘭克還是我們所有人，一般都不會輕易使用。而這也成為弗蘭克意義療法的核心信條：人類是被自己對未來自我的看法所驅動。弗蘭克在被囚禁前早就提出這個理論，而集中營的經歷，則放大與印證了此一觀點。

缺乏目標會縮短生命，擁有目標則可以大幅延長和維持生命，遠超過自然的預期壽命。十八世紀的美國人平均預期壽命不到四十歲，但是美國大多數的開國元勳至少都多活了二十年，其中有幾位，包括：富蘭克林（Benjamin Franklin）、傑佛遜（Thomas Jefferson）、亞當斯（John Adams），甚至活到八十幾歲。用現在的預期壽命七十五歲來看，這三位等同活到了一百五十歲。目標提供了無與倫比的生命力、活力和熱情。

弗蘭克的生存目的是活著走出集中營，以便能重寫並出版他的書。他深切地盼望與妻子和家人團聚，這些目標支持弗蘭克活下去，因為他知道自己「為何」而活，所以不論遭遇什麼困境，他都知道該「如何」生存下來。

深諳意義心理學的知名心理學家羅伊・鮑梅斯特（Roy Baumeister）以及凱薩琳・沃斯（Kathleen Vohs）指出：「當前事件的意義在於它們與未來結果的關聯。」[6] 人類的任何行動或經驗，若與未來的結果或後果失去關聯，人就會失去意義。真空中不存在任何物質。

如果終究不會有任何結果，我們為何上課或學習？要是不能取得證書，我們為何鍛鍊身體或挑戰自己？要是不能建立情感關係，我們為何與他人交往？我們為何做任何事？

如果無法連結未來，當下沒有任何意義。你的選擇其實被未來主宰。這就是被監禁在集中營裡的人不得不面對的兩難局面：對未來不抱希望，就無法理解當下。一個人若喪失未來自我，形同失了魂，很難繼續往前邁進。

弗蘭克指出：

如果一個人因為看不到任何未來目標而懷憂喪志，就會沉緬於過去的回憶。

他們未能把集中營裡的艱難生活，視為他們內在力量的考驗，因而不把自己的生命當回事，認為生命無足輕重。他們寧願閉上眼睛活在過去，他們的人生將變得毫無意義。

弗蘭克認為，對未來抱持希望和目的是人生充滿意義和功能的重要基礎。失去了希望，心理就會變得扭曲與解離。那些找不到未來目標的人，會變得獨善其身、與社會疏離，再也懶得找出能讓人生變得更美好的方法。他們最終會淪為外部環境的受害者，對自己的生活沒有任何支配權。

誠如諺語所說：「若無願景，民則滅亡。」[7] 這種滅亡是一種內在的解體，人格和身體健康驟減為零。弗蘭克所說的目的，並非模糊的希望或樂觀主義，而是**有形且具體的目標**。事實上，他最常使用「目標」一詞來形容未來有個「想要實現的意義」。弗蘭克所說的有個目的、意義或目標要完成，與當代針對「希望」的研究結果不謀而合。

一般人常把希望（hope）和許願（wishing）混為一談，請各位試想一下：如果你對未來不抱任何希望，你的生活將會變成什麼樣子？如果沒有具體的目標可以期望和打造，當下就會變得痛苦不堪。在這個瘋狂的噩夢中，你會覺得無力控制或掙脫一個不斷向下沉淪的漩渦。沒有希望就沒有動力。如果對結果不抱任何希望，你不可能受到激勵而採取行動。

沒有希望，就不可能產生堅持下去的恆毅力（grit）。根據心理學家安琪拉・達克沃斯（Angela Duckworth）的說法，恆毅力是對長期目標的熱情和毅力，她認為不論追求任何事物，「希望」都是支撐你度過高峰和低谷的動力裝置。[8]

研究人員將希望描述為意志（will）和道路（way）。[9] 希望之所以是意志，因為其中涉及有意識的選擇。你決定了一個具體的目的，覺得它很重要而且值得創造、追求或實現。你相信你能有所施為（agency，個人自發的行動），你很重視你的決定，而且你可以影響你的人生結果。

而希望之所以是道路，是因為有了希望，你不但能看到實現目標的路徑，也能足夠靈活地開創一條路徑。只要有了希望，一定可以找到一條路。希望從不考慮機率。希望是：

1 一個明確而**具體的目標**。

2 **施為思維**。你相信自己可以控制你的所作所為，你的行動很重要，你可以影響自己的人生結果。[10]

3 **路徑思維**。你看到一條路，也擁有一條路，或者你可以從你現在的位置到目標之間，創造出多條路徑。

希望比樂觀主義更有力量，是相信未來會更好的一種認知。[11][12][13] 只要擁有一線希望，就相當於在銀行裡有了一筆存款，能為你的未來目的賺取利息。但是希望有個更高的標準，為了達到標準，你必須全心投入，必須有所施為，必須採取行動。希望是意志和路徑。

心理學家發現滿懷希望的人（high-hope people），以及總認為希望渺茫的人（low-hope people）之間有著明顯的差異，[14][15] 專門研究希望感的知名心理學家查爾斯·史耐德（Charles Snyder）指出：

> 滿懷希望的人能找到多條途徑來實現他們的目標，而且願意嘗試新的方法。反之，總認為希望渺茫的人會堅持一條途徑，即便受阻也不肯嘗試去另闢途徑。總認為希望渺茫的人，不專注於解決問題，滿腦子只想著逃避和事不關己；受到短期的逃避思維所強化，他們繼續被動下去。遺憾的是，他們無法從過去的經驗學到任何教訓。反之，滿懷希望的人可以把未能達成目標的相關資訊當做回饋，以此做出診斷，找出其他的可行途徑。[16]

滿懷希望的人會全心投入一個特定的結果，他們對目標堅定不移，但是達標的過程或路徑卻能隨機應變、保持高度靈活。達克沃斯還提出一個關於「成熟」的解釋。根據她的研究，人的恆毅力會隨著年齡的增長而增加。要擁有恆毅力，你必須長期堅持做一件事，克服一路上遭遇到的挫折和障礙。頻繁更換目標的人無法培養出恆毅力，從一項運動轉換到另一項運動的運動員也沒有恆毅力。恆毅力是幾年、甚至幾十年持續堅持只做一件事。

恆毅力和成熟的第二個面向也很重要。成熟來自於長期、全心投入一個具體的目標，並且定期切換或升級路徑或系統來實現總體目標。

要成為滿懷希望的人，你得全心投入目標而非過程。你不會拘泥於自己當下的執行和思考方式。你能夠有耐心且堅持不懈地隨環境做出應變，找出更好的新途

徑來前往你想去的地方。

弗蘭克知道，希望根植於未來的明確目標。像弗蘭克那樣滿懷希望的人，會一〇〇%全心投入於追求目標，也會一〇〇%在實現目標的道路上保持靈活。

如果你的人生欠缺明確的目的，原本用來尋找出路的批判性思維，會退化成尋找藉口。畢竟失去希望時，什麼都不重要了。未來自我面對的第一個威脅，也是最根本的威脅，是你對自己的未來不抱任何希望。

沒有希望，當下就失去了意義。
沒有希望，人生就缺乏明確的目標，也少了一份目的感。
沒有希望，就沒有出路。
沒有希望，你就會衰敗和腐朽。

威脅二

不願正視你的過去會阻礙你的未來

「在被迎頭痛擊之前，每個人都有自己的一套計畫。」

——拳王麥克．泰森（Mike Tyson）

過去是個意義，

僅此而已。

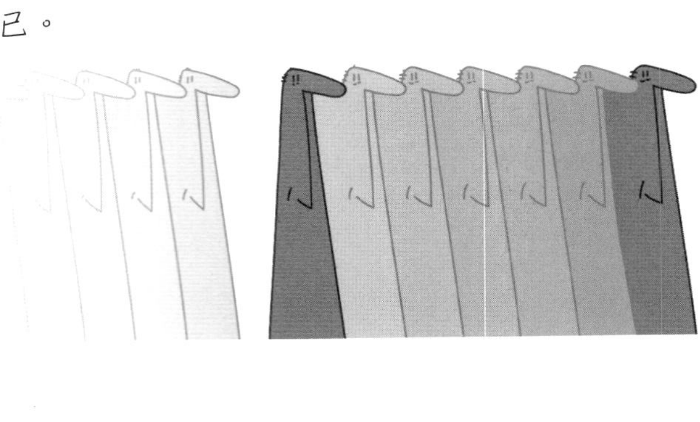

在我十六歲的某天晚上，我媽開車載著我們三兄弟，打算前往愛達荷州太陽谷拜訪她的好友邁可．巴克。長達五個小時的車程中，我媽開到半路就累了。身為新手駕駛的我，迫不及待地提議換我開車，換手後我媽坐到後座後很快就睡著了。

才剛開沒幾分鐘，我經過一座建築工地，閃爍的燈光示意我轉入左車道。那是個下著雨的暗夜，一堆障礙物圍起正在施工的右側車道，一開過障礙物，我馬上駛回右側車道。哪知道車子輪胎瞬間陷入深達一呎的爛泥和瓦礫堆中，我本能地猛轉方向盤，想要回到左車道，但在時速六十哩下，汽車開始打滑，衝向高速公路的中間地帶翻了過去，我的頭重擊車窗隨後失去了知覺。

等我醒來的時候，汽車已經翻覆在高速公路上，我聽到小弟雅各在後座上哭。二弟崔佛則大喊：「媽媽不在車裡！」

汽車翻覆那瞬間，我媽被拋出車外，重摔在五十呎外的人行道上。沒有任何一位孩子應該看到父母處於如此殘酷的狀態，我驚嚇到說不出話來。幸運的是救護人員很快趕到現場，我們被救護車載到最近的醫院，我媽則被醫護直升機護送進了加護病房，我們甚至不知道她是生是死。

當晚我們在醫院等待消息時，一名警官走進我們的病房：「你們哪一位是班傑明？」

當我起身時，發現自己剛剛躺過的枕頭上竟然掉了一堆頭髮，警官注意到我的驚訝，向我解釋掉頭髮是受到驚嚇的反應。

他把我拉到一旁，然後對我說：「聽著，這次經歷可能會毀掉你的整個人生。我不知道你母親的傷勢如何，但現在你必須做出選擇，想想你要如何處理這個問題。」他告訴我，應該檢查施工區的夜班人員曠職，超過一百五十碼的建築障礙物放錯了位置：「這不是你的錯，你不需自責。」

他幫我拿回掌握事故的主導權，因為我弟弟們還得仰仗我挺身而出。

知名的創傷專家彼得．列文（Peter Levine）博士指出：「創傷並非發生在我們身上的事件，而是發生在我們缺乏一位富有同理心的目擊證人時，那些深藏在內心的東西。」[17]這位警官便是我的「一位富有同理心目擊證人」，他幫助我處理震驚和痛苦，他允許我哭泣，並幫助我積極主動地建構這次的經歷。

每個人都有一套計畫，直到生活迎頭給了他一記重拳。無論生活給了你什麼樣的懲罰，你的過去僅僅只是一則故事罷了，你為過去選擇什麼樣的故事，會大大影響你的現在和未來。

當你把過去設定成負面故事時，你將依此做出反應，以此當成你的目標。你的目標會變得短視、以迴避為導向，因為你想要逃避當前的痛苦。

當你以被動反應（而非主動出擊）面對人生時，你會覺得生活總是在找你麻煩，而非為了讓你變得更好。當你以被動反應面對人生時，不管遇上什麼事情，你都會覺得自己是受害者。

但是當你選擇正面積極的過去和振奮人心的未來時，你的情緒會更健康。正面積極的過去，跟你的真實際遇關係不大，你身上發生了哪些事情並不重要，重要的是你決定告訴自己什麼樣的故事；你的身上發生了哪些事情並不重要，重要的是你對這些事情產生什麼樣的情緒。

你的過去基本上是一個「意義」，至於現在和未來自我會產生什麼樣的意義，取決於你創造出什麼樣的過往故事。所以我們要謹慎選擇對自己的過去附加上什麼樣的故事，悲傷療癒專家戈登・李文斯頓（Gordon Livingston）指出：「我們生活中的故事，並非一成不變的固定敘事，而是不斷地修改中。」[18]

從心理學的角度來看，時間的整體性比順序性更重要。人們常把時間想成自我們身後流逝的過往，當下是活著的現在，以及擺在我們前方的未來。但是從心理學的角度來看，過去、現在和未來始終是共存的。美國小說家威廉・福克納（William Faulkner）曾說：

「過去永不消亡，甚至還沒過去呢。」[19]

我們的過往敘述，對未來的目標和希望影響很大，而當下的狀態，又攸關著重要的過往敘述。隨著年齡的增長和日趨成熟，我們自然會以不同的視角來重新建構記憶。我們可以刻意選在積極正向的情緒和安全的環境中、身邊圍繞著值得信賴的人來重塑一段記憶。

心理學家布蘭特．史萊夫（Brent Slife）曾在《時間與心理學的解釋》（*Time and Psychological Explanation*）一書中指出（粗體字是作者畫的重點）：

> 我們根據當下的心理狀態，重新解釋或重新建構我們的記憶。**與其說過去造就現在的意義，不如說現在造就過去的意義才更貼切……**我們的記憶並非「儲存完整」的「客觀」實體，而是我們當下的一部分，這就是為什麼我們當下的情緒和未來的目標，對記憶會有如此大的影響。[20]

想要擁有更大的未來，就要有個更好的過去。

你可以一次又一次地重新定義和重新塑造你的過往敘述。隨著你愈發成熟，即便是最艱難的時刻，你也會以敬畏和喜悅的心情看待遭遇的事件。而且你會愛上這些時刻，因為它們不斷地教會你一些事情，並且賦予人生的意義。

人生確實不易，痛苦乃是過程的一部分。每一個人——無論社經地位、種族或任何其他因素——一生中都會經歷巨大的情感痛苦。例如：失望、夢想破滅、期望未能實現、可怕的親身經歷、隨口說出的狠話和批評，甚至是我們自己犯錯所造成的創傷。

我們如何處理痛苦和困惑，很大程度決定了我們的未來自我會成為什麼樣的人。如果你允許生活的痛苦吞噬自己，那麼你的主要目標就會變成透過上癮和分心來麻痹自己，因為你不願意誠實面對並轉化這些情緒。

若你能有效排解痛苦和傷害，它們反倒會成為影響力強大的老師。最艱難的時刻促使你從生活中真正地學習，全心投入於更好的事物。事實上，當「不改變的痛苦」變得比「改變的痛苦」更無法忍受時，自我改變就發生了。

要重新定義一個經驗可能需要幾年、甚至幾十年的時間，但轉變也可能發生在一瞬間。以你為心中賦予生命力的泉源，可以透過刻意練習發展出一項技能：把所有過往經驗，正向積極地重新構建為一項收穫。只要多加練習，你便能更快、更好地將痛苦轉化為成長和目標。

你的痛苦可以助燃你的目的，引導你去幫助別人，這就是心理學家所說的「創傷後成長」，發生在人們主動面對痛苦，選擇以感恩的態度看待它時。[21]你有能力選擇用正向積極的觀點來定義你的所有經驗，以及你對它們的敘述。

你能否發自內心地慶幸自己經歷過最艱難的時刻？沒有這些經歷，你不會像現在這般通情達理，也不會成為你現在的模樣。策略教練公司（Strategic Coach）的共同創辦人丹·蘇利文（Dan Sullivan）和我曾針對這個主題合寫了一本書，名為《收穫心態》（*The Gap and the Gain*）。[22]書中提到，落差心態指的是你拿理想中的情況來衡量現實中的自己或經歷。

當你經歷一些慘痛遭遇，並且用落差心態來看待它們，那麼你會覺得生活總是衝著你來，你成了這些慘痛經歷的副產品。你對於發生在自己身上的遭遇無能為力，你是個受害者。落差心態導致了不健康的比較（為什麼是我、為什麼不是別人），你無法從中學到任何有用的東西。

相反地，如果把每個經歷都轉化為個人成長（擁抱收穫心態），你會有所收穫。無論遭遇了什麼事情，請把經歷視為收穫。你得要積極主動、有意識地從經驗中學習和成長，如此一來你的未來自我會變得愈來愈好，而非徒增痛苦。每當經歷一些慘痛的遭遇，你用收穫心態來看待它們，那麼你會覺得生活中的所有糟心事都是為了讓你成長。你不會再把自己視為經歷的副產品，經歷才是你刻意選擇的副產品。你的經歷意味著哪些事情由你決定。

你是經驗的主人，切勿本末倒置。莫因經驗很痛苦而貶低它們，應該從經驗得到收穫來提升其價值，如此一來你便會對自己的經歷心存感激。當你把過去的經歷視為收穫時，未來自我將會因為你擁有的每個經歷而不斷地壯大。

當你把過往的經歷視為收穫時，你會比以前的自己懂得更多。你會擁有更遠大的目標、視野和同理心，拜你的過往所賜，未來自我會更有才能、更有能耐。

在那場可怕的交通事故後，我媽陷入昏迷在醫院裡躺了好幾星期，所幸她最終活了下來。為了清除她頭皮上的碎玻璃，醫護人員剃光了她的頭髮，她的脊椎嚴重受損，即便二十年後仍然疼痛不已。

在昏迷期間，她覺得自己好像死了，但是她懇求上帝，她想回到自己的身體裡，如此一來她才能養大三名兒子。恢復意識後，她深感自己大難不死，往後一定要勤勤懇懇地活下去。曾經照顧與幫助她復健的護士們，全都被我媽的積極態度所震驚。儘管身體留下了終生劇痛的後遺症，但我媽還是心懷感恩能撿回一條命。

這些年來，家人之間一直不願意重提這次事故，但是我媽卻選擇將此經歷歸類為幫助她堅定人生目標的正向因素。對於大多數人視為理所當然的小確幸，我們都會無比感恩。無論你是誰、你的身分尊貴與否、或是你從哪裡來，我媽都會給你一個大大的擁抱。她給予每個人最大的慈悲和關懷，面對生命中的磨難她沒有怨天尤人，而是更懂得享受美好人生。

威脅二是關於不願正視你的過去會阻礙你的未來。

你的過去是一種意義。
你的過去是一則故事。
你如何構建故事，會大大影響你的未來自我

威脅三

覺知你的環境才能創造你想要的未來

「把你花最多時間相處的五個人加總平均，就是目前的你。」

——美國勵志演說家吉姆．羅恩（Jim Rohn）

在一項著名的研究中，研究人員告訴二、三年級的老師們，他們想研究學生在這學年的學習情況。然後從學年一開始，研究人員便私下告知這些老師，根據他們做的智商測試，哪些學生天資優異、哪些不是。[23]

學年結束時，學生的學業成績正如預期，資優生在學習和整體發展的成長幅度，比非資優學生高出甚多。但真實情況是，研究人員並未測試學生的智商。相反地，他們是隨機安排哪些學生是資優生、哪些不是，旨在進一步了解這項條件假設是否會影響學生的學習成果。結果很明顯，老師們會不自覺地差別對待學生，他們對待資優生的方式不同於非資優生。老師們對所謂的資優生抱持更高的期望，而最終這些期望成了自我應驗預言（self-fulfilling prophecy）。[24]

雖然我們不願意承認這一點，但我們的表現和結果，往往與周遭人的期望脫不了關係，心理學家稱此為畢馬龍效應（Pygmalion effect）。[25] 如果身邊的人對你的期望值很低，你的表現會退步到符合那樣的標準，如果身邊的人對你的期望很高，你的表現就會提升到符合那樣的標準。

我們都被自己的目標所驅動，不過周遭環境是否會灌輸我們一些目標？我妹夫的家族親戚一共出了七名牙醫，難怪他也成為一名牙醫。若有名女孩從小生活在「毒窟」，長大後的她也用毒品來緩解痛苦，你忍心責備她嗎？隨著你日益成熟，你愈能積極主動地選擇自己的目標；當你不夠成熟時，愈有可能被動且隨波逐流地選定目標。

所以未來自我面對的第三個威脅是：對所處環境變化不知不覺，只能產生隨機的自我進化。華頓商學院行銷學教授約拿・博格（Jonah Berger）在其著作《看不見的影響力》（*Invisible Influence*）中指出：「就像原子間的相互彈擊，我們的社會互動，不斷地塑造我們的為人以及行為。」[26]

有趣的是，心理學家發現人之所以偏好某樣事物，並非出於內在原因，僅僅是因為它反複出現在眼前，這概念被稱為「**單純曝光效應**」（mere-exposure effect）。[27,28,29] 你的欲望通常是被你看見的某樣事物所挑起，如同研究顯示，經常看到香菸廣告的人，對吸菸抱持較正向的態度。[30] 你的同儕團體也是如此，鄰近效應（proximity effect）便預測，比起坐在你前面兩排的同學，你跟鄰座同學成為朋友的機率會更高。

美國知名勵志演說家暨作家吉格・金克拉（Zig Ziglar）曾說過：「你的投入決定了你的前景，你的前景決定了你的產出，而你的產出決定了你的未來。」更精準地投入能導致深思熟慮，最終獲致更好的結果。誠所謂「垃圾進，垃圾出」（Garbage in, garbage out，平日接收什麼資訊，就會成為怎樣的人）。

你想擁有更美好、遠大的目標嗎？想擁有一個更棒的未來自我嗎？那就頻繁地讓自己身處在更有智慧的觀點、更優秀的人士之間。商業策略專家查理・瓊斯（Charlie Jones）指出：「五年後的你是否仍跟今天一樣毫無變化，取決於你遇到的人和你讀的書。」主動改變你輸入的資訊、經驗和人脈，你會開始察覺到自己「不知之不知」，也會看見你以前不曾注意過的事物，你會追尋以前不曾想要、以及以前從未有過的行事方式。

正念（Mindfulness）是一種技能：你會有意識地覺知當下身心與環境，同時明白這個環境會對你產生什麼樣的影響。[31] 你正處於什麼樣的環境呢？

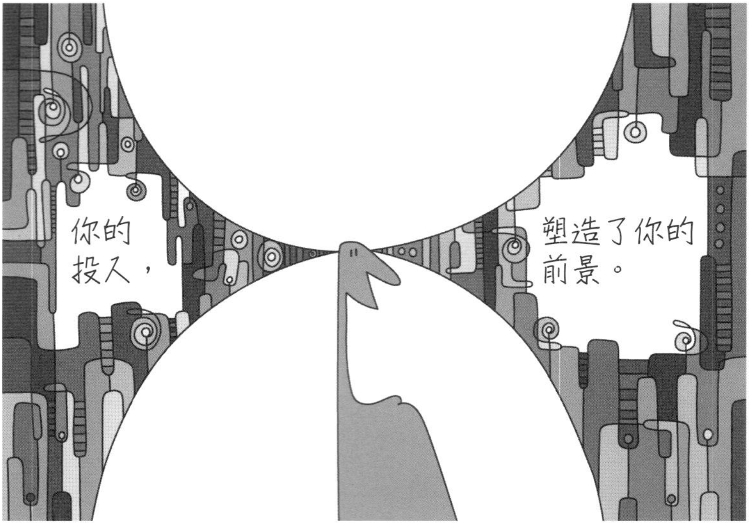

當下的環境正對你產生什麼樣的影響？
你正在追求哪些目標？
你目前正過著什麼樣的生活？
你如何選擇你的人生？

你的人生是你有意識的選擇，抑或只是你隨著所處環境被動地做出反應？你是被周遭環境所支配，還是在影響你的環境？績效心理學家馬歇爾．葛史密斯（Marshall Goldsmith）在他的大作《練習改變》（*Triggers*）中指出：「如果我們不創造和控制自己身處的環境，環境就會反過來塑造和控制我們。」[32]

目前所處的世界，各式各樣的社群媒體正潛移默化地影響著我們，引導我們的行為、欲望、身分和興趣。大家應該努力培養自己覺知環境的能力，充分了解外部環境對你的內在目標造成什麼樣的影響，你才能注意到自己在某時某地被外物觸發，從而有意識地選擇與你的未來自我保持一致。就像維克多．弗蘭克所說的：

在刺激和反應之間有個空間，讓我們有能力選擇自己的反應，而我們的回應決定了我們的成長與自由。[33]

自由是不論為所處環境的直接反應，相反地，你要對環境有所覺知，透過掃描外部來找到不同的觀點和選擇，讓自己接觸更新和更優異的行動、觀點、思維與處世方法，如此一來無論你身處何處、遭遇何種困境，你總能找到應對方法，並且在有意識的情況下做出選擇。

你想成為什麼樣的人？對於這個問題的回答，你顯然會受到當前所處環境的影響，然而你的答案必須超越你當下的情況，因為想像力比知識更加重要。

姑且不考慮你的現狀和過往，你想成為什麼樣的人？與其被當前環境影響你的目標，何不從精神層面創造出你想要的環境？如此一來，你便能超越當下的環境，利用你的未來願景驅策你的行動，這股驅動力要比前者強大得多。正如哈佛大學心理學家艾倫．蘭格（Ellen Langer）所言：

社會心理學家認為，我們在任何時刻是個什麼樣的人，大多取決於所處環境，但環境是誰創造的呢？我們愈用心（mindful），愈能創造自身環境；當我們主動創造環境，就更有可能展現真實的自己。正念讓我們從新的角度看待事物，而且相信任何事物有可能改變。[34]

當你開始積極主動地想像一個超越當下環境的未來自我，塑造環境、將你拉向那個方向，大腦會出於本能地立即著手處理，誠如十三世紀的古波斯哲學家魯米（Rumi）所說：「你在尋找的東西也正在找你。」

一旦你決定了自己想要的東西，大腦就會去察覺它，這就是之前所說的選擇性注意，你會看到周圍本來就有、但之前卻視而不見的事物。[35][36]這種覺知能讓你策略性地找到途徑和過程，通往你想去的地方。

你可以依據你想成為什麼樣的人來設計你的環境，例如：你想成為一名企業家，你就應該向成功的企業家（而非徒具抱負的人）多多討教；你想變得健康，你就應該多與身強體健的人為伍；你想擁有財富自由，就多去有錢人去的地方聽取建議，這就是「近朱者赤，近墨者黑」的道理。

就連「恆毅力」這項相當個人化的屬性，專家安吉拉．達克沃斯也承認，在要求高績效表現的環境中，更容易發展和運用恆毅力。[37] 想要成為你所期望的未來自我，就應該向能夠幫助你達成目標的人見賢思齊。

接著，談談曝光效應加上畢馬龍效應。人類適應力很強，你跟什麼樣的人為伍，對你的影響很大。如果你老是跟沉迷電玩或吃垃圾食品的人廝混，你很快就會喜歡、甚至愛上這些行為。相反地，常跟積極正向且工作能力出眾的人共事，你很快就會具備這些特性。真正的朋友會令你的未來自我變得更傑出。

當你在公私方面都見賢思齊，這些人脈關係會帶你走上不同的道路。我也要提醒你，有些人脈關係能持續一輩子，但大多數的人際關係則是因緣際會，例如：有位導師或商業夥伴在某段時間令你獲益匪淺，不過有朝一日當你達到「青出於藍更勝於藍」的境界時，你必須得再覓得一名「道行更高」的新導師或夥伴。

讓你到達當前境界的人事物，未必能帶你攀向更高的境界，這個道理你既要覺知，也需要有斷捨離的勇氣。跟原本情誼深厚的人分道揚鑣，既非易事又很嚇人，但是這種行為也是簡單、值得尊重的行為。分道揚鑣並不表示對方是壞人或是錯的，只是你的願景升華了，你們雙方不再擁有共同的方向。

值得注意的是，向特定人士見賢思齊時，你要抱持「**轉化**」（transformational）心態而非「交易」（transactional）心態。轉化心態並非意味著你們之間不會產生交易行為，而是通常會發生。再者，這也不代表你不是出於策略性目的，因為就算是婚姻中的另一伴，也不會單純出於迷戀而結婚，相反地，情侶往往是因為彼此對未來有著共同的願景和目的而結合。

轉化心態也代表著人際關係不講求回報，雙方真心誠意地想要幫助和支持對方，這種關係的目的和取向能夠轉化自我，關注的焦點是給予、感恩和成長。你不會糾結於「這對我有什麼好處？」而是會問「這對對方有什麼好處？」幫助對方更好地實現他們的目標，雙方能夠建立更好的關係。

這種人際關係可以把你帶到超乎想像的境界，你的未來自我可以變得更出色、更遠大，令你難以置信。反觀交易心態下的人際關係就無法走得長久，你的未來自我也會大受局限。

你的未來自我面對的第三個威脅是，未來自我是你所處環境的副產品。但是只要你願意用心度過每一天，你就能透過有意識的選擇，把所處的環境打造成你想要的模樣。

請慎重選擇。

威脅四

與未來自我脫節令你做出短視近利的決定

「從人類演化的角度來看，長期規畫是一個相對較新的概念。我們前所未有地進化到如此長壽，而必須為非常遙遠的未來做好計畫。儲存未來一、二個月的食物很合理，但是要我為退休後的三十年準備一筆退休金？這是相對陌生的想法，你得把計畫的新穎之處和當下所產生的一切想法結合起來。我們容易忽視長遠的發展，卻難以忽視眼前分散我們注意力的那些事物：現在多花點錢、現在吃點好吃的。做這些事情很有吸引力，因為我們知道當下就能得到回報。但不做這些事情——不花錢、不吃不健康的食物——好讓我們能安享晚年，這行為對許多人來說是個很難堅持的主張，因為當下的力量實在太強大了。

——心理學家哈爾．賀斯菲爾德（Hal Hershfield）[38]

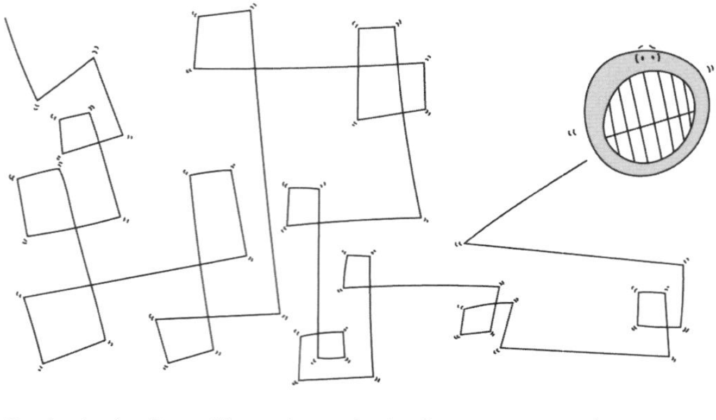

與未來自我脫節，你就會在當下做出愚蠢的決定。

人類物種還未進化到有能力規畫二十年後的未來，因此我們的決策不但短視近利，而且缺乏想像力。我們經常只顧著追求當下的回報，導致多年之後的未來自我可能付出極大的代價。

加州大學洛杉磯分校的心理學家賀斯菲爾德，投入了十五年的時間研究未來自我這一概念。他指出，想要做出有遠見的決策，第一步就是與你的未來自我建立連結，而連結始於對未來自我產生同理心，就像你能同理別人那樣：[39] 你會試圖理解對方的「**出發點**」，以及他們「**重視什麼**」。

與未來自我建立連結的重點是，你必須把未來自我與今天的你看成「**不同的人**」。要做到這一點並不容易，因為按照常理，大多數人都會認為他們的未來自我，基本上跟今天的自己沒有區別（參見真理二）。

不過，只要你把未來自我看成另一個人，你就能明顯體會到，那個人看待問題的方式跟現在的你不同，關心的事物跟現在的你也不一樣，就連所作所為跟現在的你也有很大的差異。

展現同理心的另一個步驟，是弄清楚你的作為與不作為如何影響對方。如此一來你就會考慮到，自己當下的行為對未來自我會造成什麼樣的影響？你愈明白自己當下所做的一切會對未來自我產生什麼影響，你的行為就會愈好、愈周全。

賀斯菲爾德發現，你與未來自我的連結程度，跟你當下做決定的品質之間，二者有著直接關聯。你甚至可以超越同理心，與你的未來自我建立深度連結，你把他當成真正關心自己的朋友，而你也很在乎他。[40]

當你真正關心別人時，會毫不猶豫地為他付出你的時間、精力和資源。你會節省現在的開銷，讓未來自我擁有更多財富；你不再貪圖一時的滿足，而會投資於教育、健康和人際關係。

從喜歡未來自我到愛上未來自我，你的態度也會從「為他人犧牲」轉為「投資他人」：當我真正關心某個人事物時，會很樂意全心投入其中。

如果我熱愛鋼琴，我會投資更多時間練習；如果我重視某人，我願意投資心力促進彼此感情。如果我看重自己，我會投資更多資源栽培自己，不斷提升思維、機會和技能。當我重視我的未來自我時，我樂意投資未來的福祉、環境、自由和特長。

我樂於投資，也願意投資，因為我知道投資未來自我，人生會變得更好。當你投資於未來自我時，你會與其建立緊密的連結。你對自己的投資，全都是「歡喜做、甘願受」。不論你為自己投資了什麼，你都會全心投入，全力以赴。隨著時間的推移，你所做的任何投資都會成長，從而產生複利效應。

沒錯，投資未來自我會讓你更接近你想成為的那個人。你愛的未來自我會呈指數級成長。隨著你對未來自我的願景不斷壯大，每個當下的幸福感和動力也會與日俱增。丹・蘇利文指出：「想要現在變得更好的唯一方法，是讓你的未來變得更好。」

你的未來自我面臨最明顯的威脅，是你沒能與其建立連結。賀斯菲爾德發現，大多數人並未多花時間去思考他們的未來自我，而是耽溺於及時行樂，例如：整天流連於社群媒體、暴飲暴食或是瘋狂消費。但是一味地追求短期歡樂的後果，只會產生長期的負面成本。當你耽溺於短期獎勵，產生的長期負面成本會害你的未來自我付出沉痛的代價。相反地，每當努力和付出產生的好處能夠持續到未來，當下的你就是在投資未來自我。

你所做的一切，要麼對未來自我造成虧損，要麼就是投資獲利。虧損令未來自我墜入債務深淵，投資獲利則令未來自我富足充實。你希望未來自我身無分文且渾身是病，還是身心健康且富足自在？

你愈常尋求短期的回報，長期的未來自我就愈模糊不清，你甚至無法設想幾天、幾週或幾個月後的情況。你愈常投資長期的回報，未來自我就愈明確清晰，賀斯菲爾德把這種現象稱為「生動性」（vividness），能顯示你與未來自我建立緊密連結的程度。你的未來自我愈生動和詳細，你到達目標的過程就愈直接，不必多繞彎路。

生動性的未來非常吸引人。當你反覆投資未來自我，逐一達成途中的每個小里程碑，你就能設想出一位極其詳細的未來自我：他是個怎樣的人，身處什麼樣的環境、背景，以及過著什麼樣的日常生活。

賀斯菲爾德發現，把未來自我帶到身邊，會比你走向未來自我更容易。為了設想出生動的未來自我，你可以讓他寫封信給現在的你，並且自由選擇自己想要的時間框架。

例如：你想預見五年後的未來自我，你可以想像他的生活狀況會是什麼模樣，然後以未來自我的身分寫封信，與現在的你展開對話。請試著讓你的未來自我描述他過著什麼樣的生活。不要搞得很

複雜，也別太猶豫。你想花多長時間就花多長時間，五分鐘或六十分鐘都行。盡情發揮生動的想像力，想寫什麼就寫什麼。

在練習想像你的未來自我時，你們之間的連結會變得更緊密、更清晰。如果一開始覺得這項練習有點困難或尷尬，你可以只寫出大概的內容就好。但是也請各位不妨發揮玩心，畢竟這只是你與未來自我之間的對話，沒有其他人在場，也沒有其他人在看，開心就好。

透過練習，我能夠清楚地看到未來自我住在什麼樣的房子裡，還能看到他如何運用時間、賺了多少錢，以及他有多快樂。我對未來自我的投資愈多，雙方愈能合力創造出強大且穩固的人生。

當你與未來自我建立連結時，如需要更多幫助，請上FUTURESELF.COM，在那裡你可以取得未來自我的相關協助，幫你把未來形象變得更生動且詳細。

與你的未來自我脫節會讓你面臨的第四個威脅；如果你無法與未來自我建立連結，你將無法積極主動地創造出你想要的人生。你無法思考長期並擬定策略。每一天你都會被無止盡的新奇事物所吸引而分心。你做的決定都很短視近利。你會害未來自我付出巨大的代價，在各個方面皆陷入債務深淵。

威脅五

一味追求眼前微不足道的目標令你陷入困境

「人類身為理性有意識的生物，生來就會思考未來。但是大多數人卻囿於恐懼，對未來的看法畫地自限。我們可以預想明天或未來幾週的處境，然而對未來幾個月的事，頂多只能有個模糊的計畫。我們往往忙於應付眼前眾多急事，以至於很難抬高目光放眼未來。但其實我們對未來考慮得愈深遠，愈能按照自己的期望來塑造未來，這是一條重要的權力法則。」

——饒舌歌手五角與羅伯．葛林，《出社會就該瞭的五角法則》[41]

當你被眼前的戰鬥困住時，
就像是被困在轉輪上不停跑
著的倉鼠。

在二〇一一年上映的科幻電影《鐘點戰》（*Time*）中，賈斯汀．汀布萊克（Justin Timberlake）飾演生活在貧民區的威爾．薩拉斯。在該片中，「**時間**」取代金錢成為唯一的貨幣，每個人的手臂上都嵌有一個數位時鐘，顯示他們還剩下多少生命時數。例如：一杯咖啡要價不是四美元，而是四分鐘。這個社會上有一些小裝置，類似於信用卡刷卡機，只要掃描一下數位時鐘，人生時間便可以增加或減少。

在二十五歲之前，你的數位時鐘不會滴答作響，一旦過了二十五歲生日，時間會從當天起倒數一年。二十五歲以後，你的身體就會停止衰老，無論你是二十八歲、四十九歲還是三百歲，你的外表都和手臂上的數位時鐘開始計時一樣。只要你還有時間，你就能活下去。

生活在貧民區的人，生命時數過一天少一天，但住在超高時區的富人，卻可以想活多久就活多久，因為他們的生命時數長達幾十年、甚至幾個世紀。生活在貧民區的人們，只能靠著每個工作時段結束後，為他們的生命時數賺取一些時間，不過獲得的時間也僅夠用到明天輪班結束，然後再繼續賺取下一個配給時間。

就像這樣，貧民區的居民被綁在工作崗位上，不然就得以其他危險和絕望的方式謀生。他們的數位時鐘鮮少超過二十四小時，所以沒有足夠的時間思考如何掙脫出眼前的困境，或是制定策略來創造一個更好的未來。

整部電影要表達的概念是：一旦時間耗盡，你會死。貧民窟的人經常橫死街頭，他們日復一日為了生存而疲於奔命，翻身根本是奢望。影片中的高經濟地位者，住在高時區並擁有更好的工作和生活條件。

- 從貧民時區晉升到中下層時區，要價一個月的時間；
- 從中下層時區晉升中產階級，要價兩個月的時間；
- 從中產階級時區晉升中上層時區，要價六個月的時間；
- 從中上層時區晉升僅占人口一％的新格林威治巨富時區，要價一年的時間。

不過，搬入較高時區的生活成本也跟著水漲船高，在新格林威治區的餐館吃一餐就要價一個月以上的時間，一棟房子要價更高達幾年、甚至幾十年的時間。想跨越到更高的時區，必須有更高的收入來維持當地的生活水準。

貧民區的人要攢到一個月時間的可能性極低，因此剛滿二十五歲的人鮮少能邁向更高的時區，想要達成階級流動必須拋家棄子，減少生活重擔。威爾的家庭負債累累，在他二十五歲生日的一週後，他便花光了所有的時間。

這裡的世界對比鮮明，在高時區裡的生活節奏緩慢，因為這裡的人擁有大把時間，他們從來不會為了生存而疲於奔命。相反地，由於底層的人生命時數少，總是來去匆匆，為生活奔波，生活壓力很大。

回到現實世界中，大多數人的行為也跟那部科幻電影類似，被非常短期的目標所驅動，例如：飲食、支付帳單、上班、送孩子上下學和刷牙。我們就這樣日復一日地活著，甚至是月復一月過著一成不變的生活，然後偶爾度個假。

記者暨作家艾佛雷德．亨利．路易斯（Alfred Henry Lewis）曾於一九〇六年說道：「人類社會與無政府狀態之間的距離只有九頓飯。」許多人與饑餓的距離也只有九頓飯，大多數人的存糧少於半年，手邊能動用的應急現金不足以支應一年的開銷。

之所以過著這種「過一天算一天」的生活，是因為他們的人生目標僅此而已。上班、吃午飯、下班，然後結束一天的生活，日復一日直到週末，領到薪水就趕緊拿去支付帳單。許多人追求的未來只有一步之遙，也總覺得人生系統的設計，彷彿是為了把人困在「求生存」的生活模式裡。

如果你每天都是過一天算一天，你永遠都很匆忙。當你只著眼於短期、極其有限的目標時，時光飛逝，如同在轉輪上不停跑著的倉鼠，你活到現在，耗費了很多精力，卻沒有獲得什麼進展。

要改掉這種過一天算一天的捱日子心態，你必須擴大自己的眼界，放眼更遠大的未來。如果你立刻振作起來，開始理財和學習，五年後你會在哪裡？MrBeast在五年內從一位沒有一技之長的十七歲窮小子，搖身成為世界名流，賺進了數千萬美元。

想放緩時間來獲致真正的進展，唯一的方法就是抬起你的目光，以更遠大、更開闊的格局來思考。美國第三十四任總統艾森豪（Dwight David Eisenhower）有句名言：「我有兩種問題：緊急的和重要的，緊急的問題往往不重要，而重要的問題從來都不緊急。」

商業策略家史蒂芬．柯維用很多的小石子、大鵝卵石和一副水桶來教授時間管理。他先把小石子放進桶裡，然後再放入大鵝卵石。因為小石子占據了桶子的下半部分，使得剩下的空間放不下大鵝卵石。

於是他把桶裡的東西全倒出來重放一遍，這次他先把大鵝卵石放進去，然後再把小石子倒進大鵝卵石間的空隙裡。像這樣「先放入重要的東西（大鵝卵石）」，居然就像變魔術一樣，讓所有東西都能放進同一個空間裡。先放小石子就如同把緊急的小事放在了重要的位置。

柯維表示，水桶象徵我們的時間，大鵝卵石則代表生活中的重要事務，例如：人際關係、人生計畫、學習和健康。小石子則代表緊急的事，例如：查看電子郵件和參加會議。

當我們把緊急的事情放在重要的事情前面，就永遠不會去做重要的事情。劇作家梅芮迪絲．威爾森（Meredith Willson）曾寫道：「堆積了太多的明天，終究你會發現，除了一堆空洞的昨天之外，你什麼也不剩。」

擺脫倉鼠跑輪困境的唯一方法，是優先考慮重要的事情。你要給自己空間，讓自己的思維超越當下的環境，然後真正開始投資自己。把重要的事情放在緊急的事情前面，這才是正確的做事方式。

所以請抬高你的目光，開始與多年後的未來自我建立連結。設定五年後的目標，將這些重要的大目標，放在應付每天緊急的小事前。你的未來自我面對的第五個威脅是，對未來的思考格局太小，只想著應付短期和緊急的目標。這種做法只會令你疲於奔命卻一事無成。

商業大亨格蘭特．卡東（Grant Cardone）辛苦打拼五十年後才明白，雖然自己做事謹守本分，可惜目標太小了。你可以每週工作八十小時來賺取六位數的收入，但是同樣你也可以每週工作八十小時來賺到七、八位數的收入。重點不在工作量，而是工作的目的是什麼。卡東在他所寫的《選擇不做普通人》（*The 10X Rule*）一書中指出：

> 就我個人而言，我犯下的最大錯誤，就是目標訂得不夠高，公私兩方面皆是如此。擁有一段美好的婚姻和擁有一段普通的婚姻，花費的精力是一樣的，就像賺取一百萬美元和賺取一千美元，所需的精力和努力也是一樣的。[42]

卡東於一九五九年三月二十八日出生在路易斯安那州的查爾斯湖，他在二〇一一年出版《選擇不做普通人》，當時他五十二歲。出版該書是卡東職業生涯的一個轉折點，他從一九八〇年代末期開始經營房地產公司和銷售工作，其實算是事業有成的百萬富翁。

但是當他出版《選擇不做普通人》、全心投入實現更高的願景時，他變得更勇敢無懼。二〇一二年，他在佛羅里達州進行史上規模最大的一次私募股權收購，一口氣買下五座大型不動產。此舉使他的淨資產在二〇一一年至二〇二〇年間，一口氣從原本大約二千萬美元爆增十倍，一舉突破三十億美元，還創造了一個價值數十億美元的投資組合。卡東徹底提升了他的視野。

請各位仔細想想，你曾否因為太過專注於處理緊急事件和小目標而錯過了某些機會？[43][44] 患有「**不注意視盲**」（inattentional blindness）的人，往往因為忙著尋找銅幣，以至於「**看不見**」圍繞著銅幣的金幣。

你會得到你正在尋找的東西，你會看見你正在丈量的事物，然而此時此刻改變一生的機會——金幣——竟莫名其妙出現在你眼前。

對你我來說，問題出在我們看不到這些機會。想要看到不同的世界，就要用不同的方式提問。不要問自己：「今年我如何賺到十萬美元」，應該問：「今年我如何賺到一千萬美元？」

不同的提問方式，能激發創新的思維和視角。靈性大師韋恩·戴爾（Wayne Dyer）指出：「當你改變看待事物的方式時，看到的事物就會改

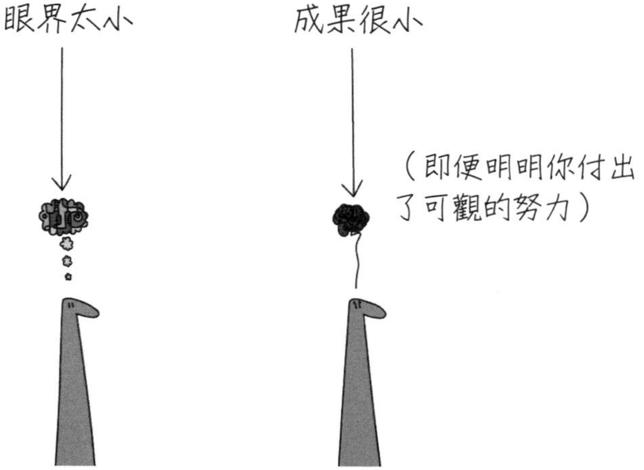
眼界太小
成果很小
（即便明明你付出了可觀的努力）

變。」[45]當你改變想要尋找的事物，就改變所看到的事物。

用「選擇性注意」取代「不注意視盲」，搞清楚你正在找什麼東西，你就會看到它無所不在。原本眾目睽睽下被視而不見的事物，立刻變得顯而易見，你會看到你正在尋找的東西。擴張視野，你會立即看到通往目標的途徑，丹．蘇利文指出：「我們的眼睛和耳朵只會看見與聽見大腦在尋找的東西。」

你的未來自我面對的巨大威脅，就是你的心灰意懶，把你的視野擴大十倍或百倍，你將被迫了解更高層次生活的原則、規則和策略。與其加倍努力工作，不如提升你認為自己擅長、可以發揮潛能的事情。誠如已故的廣告大師保羅．亞頓所說：

> 你的目標必須高於你的能力，你必須完全無視自己的能力界限。如果你認為自己無法為業內最好的公司工作，那就把那間公司當做你的目標。如果你認為自己無法登上《時代》雜誌封面，那就以此為己任。把你想要到達某個境界的願景變成現實吧，天底下就沒有辦不到的事。[46]

請記住，未來自我有個無所不在的威脅，就是整天忙著應付緊急卻不重要的小目標。

威脅六

不上場實戰註定會失敗

「榮譽不屬於只會張嘴批評的人；不屬於只會指出強者如何跌倒、實幹者哪裡可以做得更好的人。榮譽屬於真正在競技場上奮勇拼搏的人，他們的臉上沾滿灰塵、汗水和鮮血；榮譽屬於頑強奮鬥的人；屬於犯了錯但仍屢敗屢戰的人，因為天底下的努力沒有錯誤或缺陷；榮譽屬於真正努力做實事的人；屬於滿懷熱忱做出偉大奉獻的人；屬於投身於有價事業的人；榮譽屬於勇敢追求偉大夢想的人，他們必將取得豐功偉業，即便失敗也不可恥，因為他們曾放膽一試，不像心性冷漠膽小的人，永遠不知勝敗為何物。」

——老羅斯福總統

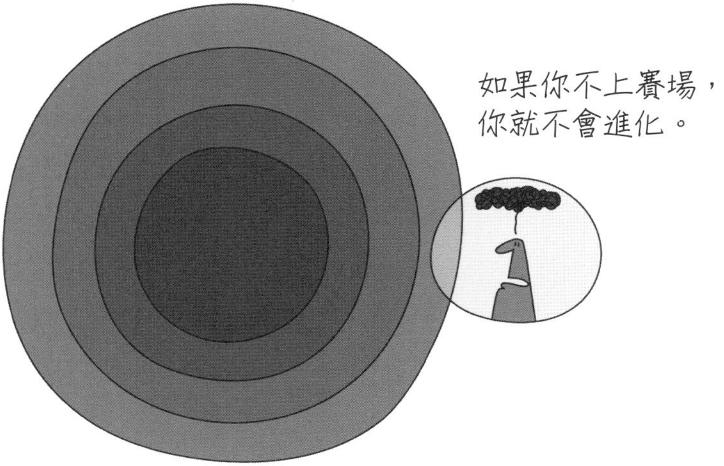

國家美式足球聯盟（NFL）的傳奇四分衛湯姆・布雷迪（Tom Brady），被公認為美式足球、甚至是所有團隊運動史上最偉大的球員。他曾七度贏得超級盃冠軍，還創下其他多項美式足球的體壇紀錄。但布雷迪最令人驚訝的，是他職業生涯的「長壽」，在我撰寫本書時，他已經「高齡」四十四了。

其實布雷迪的體格很一般，並非天賦異秉的運動員。事實上，他的速度很慢、動作又不協調。在二〇〇〇年的國家美式足球聯盟選秀，他直到第六輪、第一九九位才雀屏中選。他身上實在看不出有任何過人之處，所以在他的職業生涯中一直飽受大眾的質疑：

「他絕不會成為頂尖的四分衛」。

「他的運動能力不行啦。」

即使他數度藉由賽場上的勝利來回擊懷疑者，但隨著他的年齡漸長，質疑聲浪依然存在：

「他太老了，打不動啦。」

在ＥＳＰＮ體育台最近播放的紀錄片《競技場上的人》（*Man in the Arena*）中，布雷迪談到了質疑和看不起他的人，並未實際上過球場戰鬥，所以不論他們說什麼或做什麼，都不會在球場上起到任何作用。

前國家美式足球聯盟球員博・伊森（Bo Eason）也表示，他在觀看電視台播放的體育節目時，除非評論員曾是上場打過球的真正球員，否則他會關靜音：「電視體育節目是為球迷製作的，不是為球員製作的。專業人士根本不看這些東西，這不是為他們製作的，而是為了播給觀眾看的！」

有趣的是，美國的運動賽事報導幾乎和運動本身一樣受歡迎，甚至更受青睞。那些坐在播報台上的體育主播，西裝革履地坐在椅子上指點戰術好不痛快，嘴砲軍師的球評遂成為一種享有盛譽又博人眼球的消遣方式。

不論你做什麼，總會有一群外行人在場外大肆批評，他們會質疑你，甚至試圖讓你遠離競技場上的嚴酷和危險。《成功》雜誌（*Success*）的前發行人戴倫・哈迪（Darren Hardy）曾說：「千萬不要聽信你不願意與之換位的人所提出的建議。」[47] 當你想要找明師提供意見時，務必尋找那些仍在球場上的人、或有相關經驗的前輩。

除了別為門外漢的意見分心，你的未來自我還面臨一個更可怕的威脅：你一直躊躇不敢踏上競技場。不敢踏上競技場意味著你可能想太多了，以至於陷入分析癱瘓的狀態。你讓恐懼占了上風，這種情況比比皆是，想想世上有多少人一直懷抱創業、寫書、學習外語，以及任何令人嚮往的夢想。

羅馬的哲學家小加圖（Cato）曾說：「猶豫不決的人必錯失良機。」你猶豫著要不要進入競技場的時間愈久，學習曲線被推遲的時間也愈長。只在場邊刻意練習並沒有用，不上場比賽就注定了你會失敗。

站在場外看似很安全，但其實這是最危險的地方。因為待在場外，你會對自己的無知一無所知，卻對自己感興趣的任何主題都自以為是專家，然而你根本成不了專家。始終站在場邊觀戰，只會讓你的人生徒增遺憾而已。

心理學對勇氣做出的定義是：積極主動地追求有風險、但有價值且高尚的目標。[48][49]心理學家大衛．霍金斯（David Hawkins）認為，勇氣是通往所有正向變化的大門。[50]**踏上競技場需要勇氣，因為你有可能會失敗**；你會立刻因為你的行為和無知而大受打擊，雖然當下很痛苦，但是唯有這麼做才能學習和調適。

儘管持續待在競技場外不會有任何的挫敗，但日復一日毫無進展，不就注定了你的失敗嗎？我也是用了五年的時間才成功說服自己開始在網路上寫作；二〇一〇年從教會返家的路上，我已經知道自己想成為作家，卻一直拖到二〇一五年才終於踏上這個舞台，開始學習如何寫作，並且有所進步。

當我把作品放上網路發表後，獲得了一些支持，但也收到一些不留情面的回饋和批評，而且隨著作品愈來愈受歡迎，批評聲浪也愈來愈大。但是比起處理場外人士的批評，更難的是我不得不面對自己的不安全感：我該繼續公開分享自己的理念、想法和心情嗎？我該去學習寫作嗎？該去學習如何有效率地寫作並準時交稿嗎？

雖然過程很艱難，但我上場了，而且學得很快。每當我在賽場上往前一步，就會看到更多我以前完全看不見的東西。我學會了如何拓展業務，還與對的明師和網紅建立連結；我與對的人合作出書，還獲得許多令人難以置信的機會。

當我的程度還停留在「C」點時，我完全看不見「E」點該有的行動和行為。我必須真正踏上賽場並持續進步，才能對其風貌一覽無遺。失敗成了我最好的朋友，讓我有機會從競技場上的前輩那裡「偷師」，學到許多東西。

想當初我跟妻子領養三名孩子時，也經歷過相同的狀況。就算你讀過上百本親子教養書，都比不上實際操作的經驗。唯有真正進入賽場，資訊才會派上用場，因為你需要找出解決方案，而且是現在就要。在競技場上失敗的後果非常真實。

待在場邊你可以盡情享受當個嘴砲軍師的樂趣，因為你自己不必承擔真正的風險或後果；可一旦上場面對真實的情況，你就可以現學現賣，把小心篩選過的資訊實際應用看看。我還記得剛成為新手養父母的那段期間，我常為了孩子們的情感挑戰而夜不成眠，但是你怎麼忍心責怪他們呢？法律把他們帶離親生父母身邊，然後必須得跟陌生人一起生活。當時每天我都覺得自己很失敗，即便七年後的今天，我仍覺得自己是個失敗的父親。

但是我仍站在場上，我仍在學習。我對育兒的了解，肯定比七年前（或至少是七天前）多得多。而且我對失敗或學習習以為常，不再因犯錯而耿耿於懷。我現在犯的錯誤，比起幾年前犯的錯誤還重要得多。我現在正在玩的遊戲，規模比幾年前大得多、賭注也高得多，因為我對孩子們的愛更深了，而且每一次的勝利都能讓我獲得更多的回報。

不在競技場上時，你可以天馬行空地幻想自己是場上的球王，但是你得到的真實回報少得可憐，你甚至不知道自己很無知。旁觀者往往會陷入分析癱瘓、恐懼和決策疲勞，你進入競技場的時間拖得愈久，你的未來自我就愈受限制。

待在競技場上意味著你最終勇於面對和擁抱「**現實**」。在場上你將不再害怕現實，因為現實已經成為你的指導老師。最終，你能以未來自我之姿創造現實。

威脅七

取得成功反而成了失敗的催化劑

「美國排名第二的富豪巴菲特曾說，他最大的挑戰之一，是幫助超級富豪朋友回到當年窮小子時的狀態：每天一早就從床上一躍而起，充滿熱情地開始工作……。有種病叫成功病，使人們放棄努力、專注、紀律、教學、團隊合作、學習並關注細節，這些都是當年讓他們的技能達到爐火純青、贏得成功的要素。」

——國家美式足球聯盟教練比爾．威爾許（Bill Walsh）[51]

成功往往以摧毀一個人的未來自我收場。

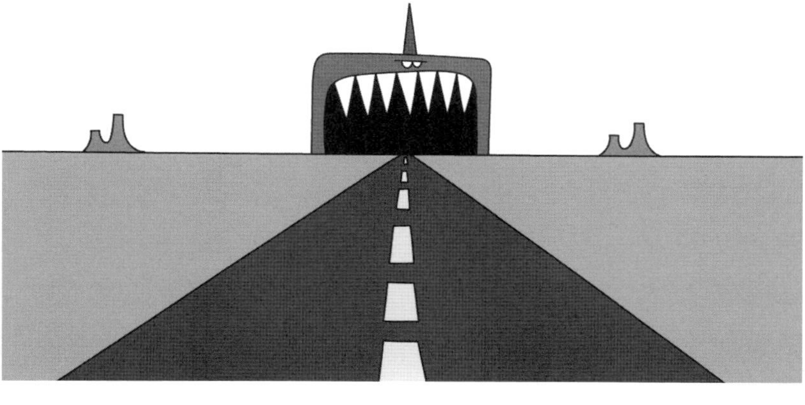

當年風靡全球的披頭四樂團（The Beatles），曾在極短的時間內改變了音樂界。他們在一九六三年以《請取悅我》（*Please Please Me*）一曲爆紅，但是在一九六九年錄製的《隨它去吧》（*Let It Be*）和《艾比路》（*Abbey Road*），竟成為樂團的最後作品。

為什麼這個二十世紀最具影響力的樂團，會在發行第一張專輯的七年後就解散了？他們獲得驚人的成功：不但成為全球知名的偶像，而且輕輕鬆鬆就有數百萬元落袋。

成功後隨之而來的是所處環境變得更複雜了。披頭四樂團剛成軍時，就是四名熱愛音樂、關注同樣事物和目標一致的男孩玩伴。但是爆紅後，他們的處境和目標就變得複雜、也不再團結，內部的分歧日益擴大。

愈來愈多的外部人士，發言指點披頭四樂團該做什麼，當他們的經紀人布萊恩．愛普斯坦（Brian Epstein）於一九六七年去世後，藍儂（John Lennon）和麥卡尼（Paul McCartney）對於如何管理樂團無法取得共識。雖然披頭四堪稱是有史以來最棒的樂團，但是他們的成功、以及伴隨成功而來的一切，最終卻導致了樂團的覆亡。

請大家務必戒慎恐懼，你的未來自我面對的最後一個威脅竟然是成功。披頭四樂團染上了所謂的「成功病」——成功反噬自我——而這種情況其實屢見不鮮。

成功很難應付，大多數人會在人生開始好轉後自取毀滅。《紐約時報》暢銷書作家蓋伊・漢德瑞克（Gay Hendricks）提出了所謂的「上限問題」（the upper limit problem）概念，用來解釋成功為何會帶來反效果。漢德瑞克認為，我們都有潛意識的舒適底線，當我們在某個領域獲致成功時，就會下意識地自我破壞以回到該底線，他指出：

> 每個人心中都有一個恒溫器，負責決定我們允許自己享有多少的愛、成功和創造力。當我們的表現超過這個內在恒溫器的設定時，我們往往會幹一些事來破壞自己，好讓我們回到那個能讓自己安心且熟悉的舊區域。[52]

如果你的手頭一向不寬裕，那麼開始賺錢手頭寬裕後，你很可能會下意識地做一些蠢事，把掙來的錢沖進下水道。這就是為什麼，想要在你選擇的領域獲致成功，你需要清楚掌握未來自我，並且長期專心地耕耘。當你不斷投資於未來自我，並且透過刻意練習來實現目標，成功絕對唾手可得，而且創造出的未來遠比最初的構想還要偉大。

然而，當你的能力愈來愈強時，情況也會變得更加複雜。剛開始你只需全力發揮熱情或長才，但是之後會有愈來愈多的紛擾湧入，例如：管理金錢、時間和人脈關係。每個決定都必須快速過濾，以免陷入分析癱瘓。

當你的焦點和長期願景被短期的勝利排擠掉時，原本的單一目標就會變得模糊不清而使你分心。如果無法管理和過濾複雜性，你的流程和焦點就會被淹沒，很難分辨哪些才是真正重要的事物。即使你更努力工作，卻再也無法像之前那樣大有斬獲。隨著你日益分身乏術，目標模糊和思緒發散的情況終將導致你的垮台。

暢銷書作家葛瑞格・麥基昂（Greg McKeown）指出：

> 為什麼成功的人和組織不會自動地成功下去？其中一個重要的解釋是我所謂的「清晰度悖論」（the clarity paradox），可以歸納為四個可預測的階段：
>
> ・第一階段：當我們真正擁有清晰的目標時，它會令我們成功。
> ・第二階段：當我們獲致成功時，它會為我們帶來更多的選擇和機會。
> ・第三階段：當我們擁有更多的選擇和機會時，我們開始身兼多職。
> ・第四階段：身兼多職破壞了當初令我們成功的清晰度。

人們常為了成功而過度誇大其重要性，但怪的是成功竟成了失敗的催化劑。[53]

作家暨哲學家羅伯・布勞特（Robert Brault）曾說：「我們未能達成目標並非遇到阻礙，而是被一條通往次要目標的明顯道路給吸引。」[54] 你愈成功，就有愈多次要目標不請自來。當你遇上的機會愈多和勝利速度愈快，你愈要不斷更新願景，濾除九九%可能會分散精力和注意力的無關緊要之事。

在你所做的事情上獲致成功，遠比維持及擴大成功簡單得多。在體壇也是如此，達到巔峰的隊伍很少能重複奪冠，他們往往因為目標實現而志得意滿，然後注意力也跟著轉移。成功雖會帶來機會，卻也會令球員分心，不再像過去那樣專心鍛鍊與刻意練習。

當事情進展順利時，人很容易變得軟弱和怠惰，你不再乖乖遵守那些讓你取得現在地位的紀律。在小說《那些留下來的人》（*Those Who Remain*）中，作者麥可・霍夫（G. Michael Hopf）寫道：

> 艱難時代造就強者，強者創造了美好時代，美好時代造就弱者。[55]

當日子變得好過了，人們就不再全心專注、也不再全心投入。他們不再朝向更大的未來自我邁進，耽溺於短期的小確幸，他們的行動和作為造就了不必要的壞時光。謹記收穫法則：你種什麼，就會收穫什麼。

放眼全球，每個被歷史傳誦的偉大國家或帝國，最終都走向滅亡或沒落，其失敗是成功所致。著名的夫妻檔歷史學家威爾・杜蘭（Will Durant）與艾芮兒・杜蘭（Ariel Durant）合著的《讀歷史，我可以學會什麼？》（*The Lessons of History*）中介紹了許多國家的興衰史，[56] 書中指出人類文明曾經歷三個核心階段：

1 狩獵；
2 農業；
3 工業。

狩獵階段的重點是個人，這個階段的人類殘酷、野蠻且極度好鬥，每個人都以自己為中心。農業階段的重點是家庭，人們早婚也很早生育，以便增加務農所需的人手，離婚則十分罕見。由於農民之間彼此會易貨交易，所以合作多於競爭。工業階段的重點是群體活動，隨著技術和社會的發展，人們離開農村到城市生活，婚姻不再如此重要，人們生育數量也變少了，政府、教育和技術取代了宗教。

杜蘭夫婦認為，這就是人類社會墮落的開始，因為個人如果想在社會群體中蓬勃發展，就必須遵守有利於團體（而非個人）的道德準則，這些準則對於極度崇尚個人主義的人來說很難遵守。如果沒有宗教為人生的道德準則提供意義，人就沒有理由去做有利於群體的事情。隨著宗教的淪喪，最終共產主義崛起了，進一步削弱了自由和進步。

杜蘭夫婦認為，共產主義之所以失敗，主因為人類之間的不平等，本是大自然和社會的一個基本面向，但共產主義卻試圖強行實現平等，因而破壞了自由和自治。當你剝奪了人們的自由，人們並非出於自由意志來支持社會進步，社會乃隨之崩潰瓦解。杜蘭夫婦解釋說：

> 天堂和烏托邦就像井中的水桶：當一桶下降時，另一桶就會上升；當宗教衰落時，共產主義就會增長。

杜蘭夫婦認為，目前身為全球超級強權的美國，最終會因為重蹈史上眾多帝國的覆轍而崩潰瓦解。

然而美國億萬富豪暨橋水基金的創辦人瑞・達利歐（Ray Dalio）卻有不同的看法，

達利歐在他的著作《變化中的世界秩序》（*Principles for Dealing with the Changing World Order*）中，指出了社會覆亡的主要原因。[57]就跟所有企業一樣，當國家背負極高的債務、生產力下降，而且內部嚴重分裂時，國家就即將崩潰。儘管美國仍然強大，但是達利歐認為美國在許多方面都符合上述條件。

不論是個人、團隊、組織或國家，可能都不擅於應對成功。獲致成功是一回事，但擴大成功又是另外一回事。當事情開始好轉時，你甚至可能鬆懈下來。

那麼，這件事跟你有什麼關係？

如果你很清楚你的未來自我，並且持續投資他，你會獲致成功。你將體驗到知識、技能、金錢和人際關係產生的複合效應。但是隨著成功的擴大，你將面對驚人的複雜性。

為了防止崩潰，你必須不斷地確立你的未來自我。成功會導致分心，還會屈就於次要的目標。如果你分不清楚什麼才是真正重要的，你的內心就會對於應該全心全力投入哪件事情上出現分歧。正如《聖經》所言：「心懷二意的人，在他所有的道路上都是搖擺不定的。」[58]

這就是為什麼成功會是未來自我會面臨的巨大威脅。

結論：未來自我面對的威脅

你的未來自我並非不能改變。
你的人生方向有無限多的可能。
你的未來自我是不可避免的存在。

如果往後的兩年、五年、十年或二十年你還活著，那麼你將成為「某個人」。所以，請你問問自己：未來自我會是什麼模樣？這或許是所有人最重要、也是最有必要弄清楚的問題。

在本書的第一部分，我們介紹了未來自我面臨的七大威脅。這些威脅如果不加以控制，將導致你的未來自我淪為一位無法充分發揮潛能的人。

觀迎各位造訪FUTURESELF.COM，網站上可以找到相關資訊。

接下來，我們將深入探討有關未來自我的七大核心真理。當你完全掌握之後，就能決定未來自我要成為什麼樣的人，而且能創造一個超乎你想像的人生。

第二篇

理解未來自我的七大真理

「人真正需要的不是無憂無慮的狀態，而是擁有值得為之努力和拼搏的目標，一個自己自由選擇的任務。人需要的不是不計代價消除緊張狀態，而是一個具有潛在意義、等待自己去實現的天命。

——維克多・弗蘭克[1]

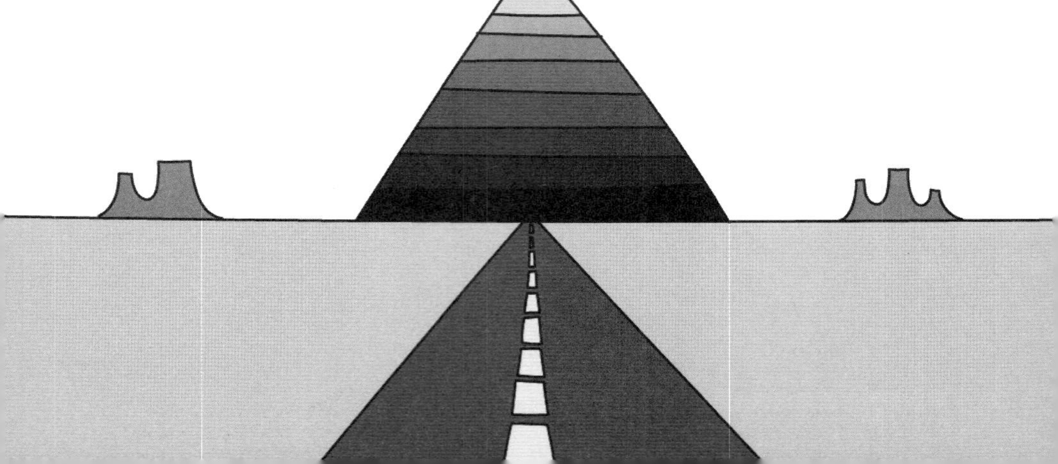

真理一 你的未來驅動著當下自我

真理二 你的未來自我可能與你的期待有所不同

真理三 投資你的未來自我必定獲得回報

真理四 你的未來自我規畫得愈明確，你進步得愈快

真理五 別急於追求當下自我的成功

真理六 忠於你的未來自我是成功的不二法門

真理七 你對神的看法會影響你的未來自我

已故的菲律賓前總統馬可仕（Ferdinand Marcos）是個撒謊成性的人。他是在一九六五年十二月三十日成為菲律賓的第十任總統，能登上大位是因為他自稱是「全國獲得最多勳章的戰爭英雄」。

馬可仕當選總統後在全國大興土木，積極展開基礎設施的建設計畫，包括：開闢新的道路、蓋學校以及各種綜合設施，資金全部來自外債。他的龐大支出起初頗受老百姓的歡迎。直到馬可仕的第二任期間，菲律賓的債務像滾雪球般不斷積累，最後演變成通膨危機。菲律賓的經濟一落千丈，社會面臨動盪不安的威脅。

然而，馬可仕根本不在意人民的苦難，任職總統期間，他盜取國庫資金供養家族過上奢華生活。馬可仕家族把「國庫變私庫」的不法所得規模之大，甚至「榮登」金氏世界紀錄：粗估馬可仕家族盜用公款高達五十億至一百億美元。[2]

此外，馬可仕還砸重金養軍隊，卻不是為了保家衛國，而是為了控制和懲罰違背他意志的人。在其統治期間，菲律賓深陷債務危機，官吏貪污腐敗，社會風氣敗壞，國家內部也因爭鬥而四分五裂。

許多人想推翻政府，其中包括一位正在崛起的政壇新秀艾奎諾二世（Benigno Aquino Jr.）。出身政治世家的艾奎諾二世，在二十七歲時成為菲律賓最年輕的副省長。

艾奎諾二世在一九五四年與名為柯拉蓉（Corazon）的女性結為夫妻，她是一位出身富裕家庭且受過良好教育的天主教徒。在艾奎諾二世從政期間，撫養五名子女、支持丈夫的事業成為柯拉蓉的生活重心，她也為丈夫的決策提供真知灼見。

一九六八年在艾奎諾二世擔任參議員的第一年，便公開指責馬可仕貪污腐敗、窮兵黷武，耗費龐大預算建立一個衛戍國（garrison state）。艾奎諾二世更直言批評馬可仕總統及其妻子伊美黛（Imelda）的詐欺行為和奢華無度的生活。

艾奎諾二世的追隨者愈來愈多，更稱他為一九七一年總統大選中，最有可能取代馬可仕的主要候選人。艾奎諾二世的政見強而有力：他想把菲律賓打造成一個民主自由、崇尚道德、遵守法律、領導人操守良好且人民團結的富裕國家。

沒想到的是，一九七一年八月二十一日，在自由黨（Liberal Party）舉辦的一場造勢大會中，會場突然有兩枚炸彈爆炸，造成八人死亡、一百二十人重傷。身為自由黨候選人的艾奎諾二世並未出席集會，馬可仕便聲稱是艾奎諾二世策畫了這次爆炸案。

這事件發生的一年裡，菲律賓的政治和社會動盪不安，馬可仕趁機推動他的目標。一九三五年頒布的憲法禁止總統尋求第三次連任，於是馬可仕在一九七二年九月二十一日宣布戒嚴，不久後更直接廢除現行憲法，允許自己繼續執政。

在戒嚴狀態下，馬可仕立即逮捕艾奎諾二世並判處死刑。艾奎諾二世在監獄中度過了長達八年的候審期，孤立無援的艾奎諾夫人則獨自撫養她的五名子女。在被監禁了近六年之後，艾奎諾二世仍不放棄他的民主理念，還為此絕食抗議差點死在獄中，甚至一九七八年時在監獄裡競選總統。

一九八〇年三月中旬，艾奎諾二世首次心臟病發作，從監獄被轉往菲律賓心臟中心醫治，然後在那裡二度心臟病發作。心電圖顯示他的動脈阻塞，但是醫生都害怕觸怒馬可仕會遭到報復，所以沒有人敢為他做冠狀動脈繞道手術。

由於艾奎諾二世也擔心馬可仕在手術時暗中動手腳，果斷地拒絕菲律賓醫生的治療。他要求與家人一同前往美國做手術，交換條件是他康復後必須立即返回菲律賓，而且在國外時絕對不能發表反馬可仕的負面言論。

赴美就醫後的艾奎諾二世很快就康復了，而且還毀棄跟馬可仕達成的協議，他說：「跟魔鬼達成的協議根本算不上協議。」從一九八〇年到一九八三年的三年裡，艾奎諾全家旅居波士頓，為了養家糊口，艾奎諾二世寫了兩本書，並前往全美各地演講，靠著哈佛大學提供的獎學金維持生計。

一九八三年初，艾奎諾二世得知家鄉的政治局勢不斷惡化，而且馬可仕的健康狀況大不如前，他覺得有必要回國和馬可仕談談，避免讓極端分子接管國家。儘管艾奎諾二世心知，這次回國可能凶多吉少。

人權鬥士金恩博士（Martin Luther King, Jr.）曾說：「如果一個人沒找到自己願意獻身的事物，他就不適合活著。」

國際航空公司也受到菲律賓當局的警告，如果他們載艾奎諾二世回國，可能被剝奪降落權並原機遣返。不屈不撓的艾奎諾二世，從某個反馬可仕的分離主義團體那裡拿到一本假護照，幾經波折之後，終於在一九八三年八月二十一日搭機降落在菲律賓的土地上。

艾奎諾二世心知命不久矣，他穿上了防彈背心，接著對陪同飛行的記者們說：

你們必須拿好手中的攝影機，因為這次行動可能非常快速，說不定在三、四分鐘內一切就結束了，（笑）在此之後，我可能無法再與你們說話了。

果不其然，當飛機降落在馬尼拉國際機場，艾奎諾二世踏上通往停機坪的樓梯那瞬間，隨即被槍擊頭部當場死亡。而艾奎諾二世的遇刺事件，也成了菲律賓政壇的轉捩點，民眾群起反抗馬可仕政府的所作所為。

一九八三年八月三十一日，也就是艾奎諾二世死後十天，家屬在奎松市聖梅薩山高地的聖多明戈教堂舉行追思彌撒。艾奎諾二世的母親奧羅拉告訴殯儀館人員，不要對他的遺體進行妝化或防腐處理，這樣大家才可以看到「他們對我兒子做了什麼。」街道上湧入二百多萬人的送行隊伍。

在陪審團宣布涉及謀殺艾奎諾二世的二十六名被告全數無罪時，艾奎諾夫人便下定決心要完成丈夫的遺願，知名歷史學家威爾．杜蘭指出：「當情況需要時，一般（人）也能展現出雙倍的能力。」[3]艾奎諾夫人決心要推翻馬可仕政權，恢復菲律賓的民主。這位原本專心相夫教子的全職家庭主婦，成為反馬可仕運動的代表性人物。

在一九八六年總統大選前的準備階段，馬可仕發現反對勢力愈來愈大，便突然宣布提前舉行大選。一份敦促艾奎諾夫人競選總統的請願書迅速傳播開來，為了回應數百萬人的聯名請求，艾奎諾夫人於一九八五年十二月三日宣布參選。

競選期間馬可仕惡毒地攻擊艾奎諾夫人，說她「只不過是個完全沒有經驗的女人」。

艾奎諾夫人則平靜地回應說：

我從不曾作弊、欺騙民眾、盜用政府資金，甚至謀殺政治對手，所以我承認我在政治方面確實沒有經驗。

總統大選提前一年於一九八六年二月七日舉行，作票而篤定當選的馬可仕在二月十五日聲稱自己獲勝，並以暴力和威脅手段對付艾奎諾夫人的支持者。艾奎諾夫人和二百多萬人齊聚一堂，進行和平的公民不服從抗議。世界各國的領袖都公開表態支持艾奎諾夫人，包括美國。

最後，多位菲律賓軍事將領在二月二十二日宣布支持艾奎諾夫人，反對馬可仕政府。一邊軍方在菲律賓武裝部隊總部展開行動，獲得數百萬菲律賓人民的支持，另一邊艾奎諾夫人飛往馬尼拉，準備接任總統大位。

為期三天的「人民力量革命」（Power People Revolution）和平抗議結束後，艾奎諾夫人於一九八六年二月二十五日宣誓就職，成為菲律賓第十一任總統，也是亞洲第一位女總統。

同一天，馬可仕和他的妻子從菲律賓經關島逃往夏威夷，還攜帶了諸多物品：

- 共計二十二箱總值高達七．一七億美元的現金；

- 三百箱各式各樣的高級珠寶；
- 價值四百萬美元尚未鑲嵌的寶石，塞在幫寶適紙尿布盒裡；
- 六十五支精工錶及卡地亞手錶；
- 一只十二乘四呎的盒子，裡面塞滿了天然珍珠；
- 一座三呎高的純金雕像，表面鑲滿了鑽石和其他寶石；
- 二十萬美元的金條和近一百萬美元的菲律賓比索；
- 瑞士和開曼群島的銀行存款單，總金額達一．二四億美元。

在夏威夷生活了三年、過完七十二歲生日的十七天後，馬可仕因心臟病去世。馬可仕夫婦旅居夏威夷期間，威基基高地的豪宅經常舉辦奢華的宴會。而菲律賓的人民卻因馬可仕家族統治期間所遺留的鉅額債務而受苦受難。

艾奎諾夫人在一九八六年至一九九二年間擔任總統，期間監督了一九八七年憲法的起草工作，不僅限制了總統的權力，還重新建立兩院制國會，破除了前朝的獨裁政府結構，另外償還了馬可仕的大部分債務，改善與促進國際關係與信任。

艾奎諾夫人卸任後回歸平淡的平民生活，於二〇〇九年八月一日去世，菲律賓各地紛紛設置紀念碑和公共地標來紀念她。柯拉蓉．艾奎諾被菲律賓人稱為「民主之母」，她實現了自己的從政目標，成為她想要的未來自我。

關於你的未來自我，總共有七大真理。每個人都有個未來在前方等著自己；每個人將會成為十年、二十年，甚至是更久之後的未來自我，問題是：

你的未來自我會是什麼模樣？
你將過著什麼樣的生活？
你打算全心投入哪些目標？

或許各位也跟艾奎諾夫人一樣，有個跟你的預期相差甚遠的未來自我——艾奎諾夫人從未想過她會接替馬可仕成為菲律賓第一位女總統。

我們都會改變，生活裡的大小事改變了我們；年紀改變了我們；學習、人際關係、經驗、成功和失敗都會改變我們。當你學會這七大真理，你就有能力處理這些生活中的變化，而且有能力為你自己及其他人，選擇和創造積極正面的變化。

真理一

你的未來驅動著當下自我

「只因為我們未觀察到行為者的深思熟慮，便荒謬地假設目的不存在。」

——古希臘哲學家亞里斯多德[4]

——→ 你的未來驅動著你的現在。

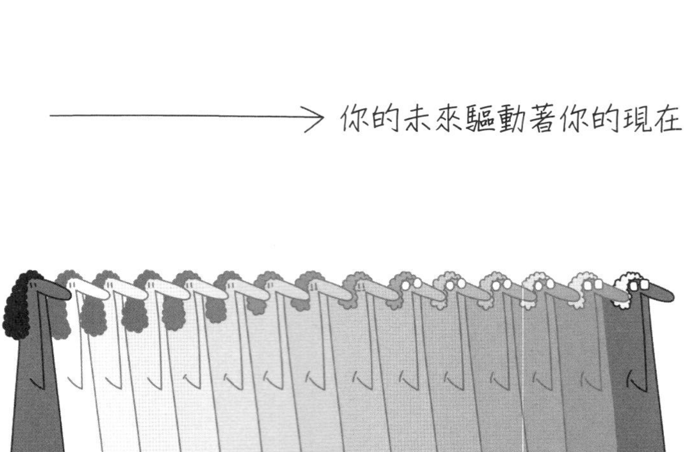

古希臘的哲學家亞里斯多德認為：理解原因的本質是成功調查周遭世界的基礎。在柏拉圖最著名的對話錄之一《斐多篇》（*Phaedo*），亦稱《論靈魂》（*On the Soul*）中，他指出：「探究自然」在於尋找「每一件事的原因；一件事為什麼會出現、為什麼會消失、為何存在。」[5]

亞里斯多德則提出了四因說，用來解釋世界如何運作。其中第四個原因被用來解釋人類的行為，亦被稱為「目的因」（final cause），他將其定義為「做某件事的目的」。[6,7,8,9] 所有行為都是出於某個目的。

目的因是以目的論（teleology）為基礎。原文télos的意思是「一件事的目的或原因」。[10] 目的論主張，人類所有行為都是由目標或未來所驅動，是達到某種目的的手段，目標或目的則是行為的原因。例如：人們健走、減重、看醫生、吃優質食物的目的是為了追求健康。

亞里斯多德用目的因來解釋人類和其他生命之間的區別。動物的行為是被動且出於本能，是所處環境和衝動的直接副產品。另一方面，人類之所以聰明，正是因為我們可以有意識地根據想要的目的和結果，選擇自己的行動和行為。

亞里斯多德認為，聰明人的所有行動都是「刻意」為之，是基於他想尋求的原因或目的。我們可以設想和選擇目標，再將自身行為導向目標。事實上，我們的目標是我們所作所為的原因。

每一個聰明的行動都朝向一個目標。例如：房子是隨機還是有個目的建造的？再者，要是沒有藍圖的話，你怎知道蓋房子的程序及所需的材料？蓋這間房子的目的是什麼？是要給大家庭還是小家庭居住？是要當成集體宿舍還是居家辦公室？

你是隨便把木頭釘在一起就覺得房子完工了，還是運用了智慧來設計房屋架構？勞力士錶是個意外的產物還是精心的傑作？人是如何完成大學學業、開家公司、寫本書或是騎自行車？所有這些行為是精心設計還是隨機生成的？

決定程序的不就是目標嗎？用柯維的話來說，精神創造不是永遠先於物質創造嗎？若你沒打算這樣做，又怎會組裝火箭飛向月球呢？

所有你看到的人類創作，都是運用智慧設計下的副產品。某人有了創造某樣東西的想法，將想法轉化為具體的形式。這個反覆試誤（trial and error）找到解決方案的過程，都是由某個目標所驅動的。

環顧四周，不論你看到什麼皆是智慧設計（intelligent design）。你穿的衣服、我寫的這本書都是如此。在我開始寫作之前，這本書充其量只是一個想法，成書的過程中，我先在腦海中想像著書的整體結構，然後轉化為一頁頁的文字，直到我覺得寫出來的內容符合我的設想，這才算大功告成。整個過程都不是隨機發生，我不是一覺醒來後隨手寫出了這本書；這本書的想法和結構，是把最初雜亂無章的想法、引文、研究和故事，有意識地組織成書。

創作就是把雜亂無章的素材賦予形式或條理。例如：一張桌子並非無中生有，而是由未經設計或雜亂無章的原材料組合而成。工匠運用了木材、石頭、釘子和膠水才做出一張桌子。單就木材，木材，原本是一棵樹，經過拆解之後以新的形式呈現，也就是木材。再經過一番巧思和規畫，木材被重新組構成家具。

創作就是運用智慧把原材料組建成某種特定形式，所以如果沒有具體的目標或目的，創作（亦即智慧設計）就不會存在。詩人愛默生曾說：「膚淺的人相信運氣，堅強的人相信因果。」這便帶出了一個你我都必須為自己解答的基本問題：你認為人生是隨機還是可以設計的？你認為自己的行為和處境是隨機發生，還是可以被影響和塑造的？

我最近拿這個問題問我妻子，我指著她頭上戴的棒球帽：「妳是隨意戴上那頂帽子，還是刻意挑選過？」

「喔，我啥都沒想，」她說：「我正在打掃房間，剛好看到那頂帽子，就拿起來戴在頭上，想說不讓頭髮散落遮住我的臉。」

「話這樣說沒錯，但這頂帽子是隨機出現在你頭上，還是由你戴上的？是否有一個時間點，哪怕只是一瞬間，你決定抓起那頂帽子並戴在頭上？」

「也是啦，但這個動作是下意識的，我並沒有多想。」

「同意，但要是你不想把那頂帽子戴在頭上，它能跑到那裡嗎？」

每一個行為，哪怕只是下意識的小動作，其實都有目的。億萬富豪彼得．提爾（Peter Thiel）曾質疑：「如果你相信人生主要是一個偶然的問題，那你幹嘛要讀這本書？」提爾接著指出：

> 你可以期待未來有個明確的形式，也可以將其視為籠統不確定。如果你把未來看成是確定物，你就該提早了解並努力塑造它；但如果你認為未來是隨機支配的不確定物，那你就會放棄掌握它。[11]

提爾認為人們對於未來的看法，分成不確定和確定兩派：

對未來抱持不確定的態度，說明了當今世上最不正常的現象。過程重於實質：當人們缺乏具體的執行計畫時，他們會用正式的規則來組裝出一個充滿各種選擇的組合……相反地，採取明確觀點的人，多半擁有堅定的信念，這樣的人不會追求多方面的平庸，還稱其為「全面發展」。對未來抱持確定觀點的人，會選定一件最棒的事情去做。

在自求多福的現代世界，人們對未來的態度已經從明確轉變為不確定，這種風氣反映出一股反智慧設計和目標設定的趨勢。常見的論點主張是，你無法控制人生中的任何結果，所以你應該忽略或忘記它們。

這說法雖然出於好意，想法也饒富智趣，但是建議人們忘記目標根本不誠實；提出這些觀點的作者，並未身體力行自己的主張。人是不可能過著完全不管結果、純粹只看過程的系統化生活。

就拿詹姆斯．克利爾（James Clear）的著作《原子習慣》（*Atomic Habits*）來說，他在書中主張，我們應該「忘記設定目標」，因為：「真正的長期思維是無目標的思維。」[12]但是他卻在受訪時坦承，目標確實是驅動因素。播客《偉大的學校》（*School of*

Greatness）主持人路易斯・豪斯（Lewis Howes）在訪談時問克利爾：「對你來說，有哪五個習慣是每天非做不可的？」克利爾回答說：「這顯然要看你的目標而定。」然後他分享了個人的一些小習慣。[13]他後來更寫道：「若你真的在乎目標，你就會專注於系統。」[14]

當我們為了某個目的而刻意設計自己的人生路徑時，就會做出更聰明的行為。愛因斯坦曾說：「精神錯亂就是重複做同一件事，卻期待出現不同的結果。」要是你完全不管結果，只是蒙著頭繼續執行程序，那你如何知道程序有效呢？

即便是全然沉浸在過程中所產生的心流（flow）狀態，也需要擁有明確的目標。[15]心流專家米哈里・契克森米哈伊（Mihaly Csikszentmihalyi）指出：

心流多半發生於某人所從事的活動中含有一套明確的目標，這些目標能為行為加入方向和目的。[16]

沒有明確的目標很難產生心流，因為目標會約束人的思維，使其全神貫注。要是每天的生活毫無目標，你要把焦點放在哪裡？具體的目標是心流的重要觸發器，另一位心流專家史蒂芬．科特勒（Steven Kotler）指出：「關鍵是我們知道自己正在做什麼，也知道下一步要做什麼，如此一來便能持續專注於當下。」[17]

目標會產生約束力來指引我們，當你把大目標拆解至最小的單位時，最容易產生心流。如果你是一支足球隊隊員，與其滿腦子只想著贏得比賽，不如專心設想一系列的進攻，甚至是具體的戰術。與其滿腦子嘗試贏得比賽，不如專心設想如何觸地得分，或是下一次的首攻（first down，美式足球中持球的一方總共有四次進攻機會，每當持球的球員觸地或是跑出邊界，就用掉一次進攻機會，接著展開下一次的進攻）。這才是里程標記（mile marker）。專注於你面前的目標，並且持續做下去，明白這些步驟是你們能否贏得比賽、最終贏得冠軍的關鍵。

如果你是一位作家，與其滿腦子只想著完成整本書，不如腳踏實地把目標簡化為完成一章節、一幅插圖、一頁內容、一段話。為了進入心流狀態，你必須一次只關注一個目標。一心多用同時做好幾件事會打斷心流狀態，例如：一邊跟人講話一邊查看電子郵件，那其實是兩個目標，這種行為並不會產生心流。

人性的核心真理是：人類的所有行為都是由目標所驅動。對弗蘭克來說，這是永恆的終極真理，他指出：「人類有個特點，只能透過展望未來而活著——此乃放諸四海皆準的普世真理，而且是人在生活最艱困時刻的救贖。」[18]

人類的每一次行動，包括我太太隨手戴上帽子的行為，都是由目標所驅動。目標多半是人對所處環境或情況做出的反應，但是若能更刻意且積極主動地掌控自己的行動、目標和思維，你會變得更聰明、更自由。

未來自我的第一個真理是，你的未來驅動著當下當下自我。人類的智慧體現在他們能否刻意地、有知覺地、誠實地設定驅動其行為的目標。

真理二

你的未來自我可能與你的期待有所不同

「持續進化中的人類誤以為自己已是完成品。但是現在的你和過去的你一樣，都只是轉瞬即逝的物種。」

——哈佛大學心理學家丹尼爾．吉伯特[19]

丹尼爾．吉伯特是哈佛大學的心理學家，深耕未來自我的概念近二十年了。他在二〇〇六年出版了《快樂為什麼不幸福》（*Stumbling Upon Happiness*），書中提到他專門研究對未來想像力很貧乏的那些人，特別是什麼事情會令他們感到快樂。[20] 他還曾經於二〇一四年登上TED，發表一場主題為「未來自我心理學」的演講。[21]

吉伯特擅於察覺人們對未來自我的錯誤想法，在演講一開頭他便問在場的觀眾：「回想十年前，今天的你和當年的你是一樣的人嗎？」

當聽眾認真回想自己過去是個什麼樣的人、過著什麼樣的生活，以及過去關注什麼後，他們很快就發現自己在過去十年間變化很大。他們的興趣變了；他們的觀點、價值觀和所處環境變了；他們的焦點和目標也變了。甚至許多人發現，十年前重視的人事物，跟現在的自己毫無相關了。

讓大家比較自己現在和過去之間的差異後，吉伯特接著請大家想一想未來自我：「你認為十年後的你跟今天的你會有多大的不同？」

儘管大家都承認自己在過去十年間變化很大，卻認為十年後的自己不會改變太多。吉伯特解釋道：

> 人在每個年齡階段，都會低估自己在未來十年的性格變化程度，而且不光是價值觀和個性這類瞬息萬變的事物。你不妨問問人們喜歡和不喜歡什麼、他們的基本喜好。例如：說出你最要好的朋友是誰？你最喜歡哪種度假類型？你最大的嗜好是什麼？你最喜歡哪種風格的音樂？……。結果大出意料……十八歲跟五十歲的人，變化程度實際上差不多。[22]

人們傾向於認為現在的自己，算是完成版的自我了。我們覺得現在的自己就是真正的自己，而且大部分時間都是如此。我們可能會有一點變化，但不會變化太大。現在的自己已經是真正的自己。

心理學家將此稱為「**歷史終結錯覺**」（end-of-history illusion）。[23][24] 這是一種信念，認為你在過去已經發生了實質性的變化，在未來可能不會有太大的變化了。人們普遍認為，未來的你跟今天的自己應該差不多，甚至完全沒變。吉伯特解釋說，會產生這種想法的核心原因，可能在於「記憶容易、想像困難」。吉伯特接著說道：

> 大多數人都能記得十年前的自己，卻很難想像自己將成為什麼樣的人，然後

錯誤地認為，因為很難想像，所以這件事不太可能發生。但是很抱歉，當人們說「我真的無法想像」時，通常是在說自己缺乏想像力，而不是指他們說的那件事不可能發生。

知名心理學家卡蘿．杜維克（Carol Dweck）把這種「相信當下自我和未來自我，基本上是同一個人」的想法，稱為固定心態（the fixed mindset）。[25] 杜維克指出：

抱持固定心態，人們認為自己的基本特質，例如：智商或天賦，是固定不變的特質，所以他們會

把時間用於記錄自己的智商或天賦，而非開發它們。

抱持固定心態的人對自己全無想像力、也缺乏自信，他們有個脆弱的身分，就是謝絕任何形式的失敗。因為從固定視角來看，如果失敗了，肯定會顯露出他們的真面目。抱持固定心態的人會過分強調、過度定義他們的當下自我，深信他們現在的模樣就是核心自我，他們的內心是這麼說的：「這就是我，而且我永遠都會是這個樣子。」

吉伯特的研究凸顯出，大多數人對自己抱持著一定程度的固定心態。大多數人認為未來的自己，跟現在的自己沒有太多不同，但事實上，如果某位陌生人有機會分別跟十年前的你、今天的你閒聊，他極有可能覺得自己是跟兩個完全不同的人交談。同樣地，你的未來自我也是不同的人。

如同第四個威脅中所說的，與你的未來自我建立連結的一大重點，是**把他看成一個跟當下自我截然不同的人**。吉伯特的研究幫助我們認識到，即便沒有刻意為之，未來自我也會跟我們的預期大不相同。

你的未來自我與當下自我是完全不一樣的人。

他看待世界的方式與你不同。
他的目標和關心的事物，跟現在的你不同。
他的處境不同。
他的習慣不同。
他的經歷和學到的東西，你根本無法理解。

把未來自我視為不同的人不僅很精準，而且對於你能否活得充實精彩也相當重要。當你把未來自我看成另一個人時，你就不會拘泥於教條或現有的思維方式。而且你會愛上當下自我，也慶幸當下你的觀點、性格和處境都是暫時、非固定不變的。

你會改變和進化，一想到未來自我就令你感到興奮和自由。知道自己能夠改變且將會改變，使你珍惜當下自我。你不會再嚴苛地看待自己，你不必現在就找出所有的答案，你不必證明自己目前的能力或價值。

「當下自我是暫時的」是一個令人耳目一新的事實，能促進成長心態，讓你對學習和成長更感興趣，而非忙著證明自己。當下自我創造了一個靈活的身分，讓你可以積極地更新和改變觀點，不斷提升思維、衡量標準，以及你要重視什麼。

得知你絕對可以改變的事實，能讓你寬容對待當下自我，你可以犯錯，找不到所有的答案也沒有關係，即便你有點失落或是身陷泥淖都沒關係，因為事情將會好轉，只要你打定主意做出改變，你鐵定能找出辦法來。

這個真理對我近期的生活很有幫助。當時我人生許多方面都一團亂，就連撰寫本書期間，也經常覺得力不從心。雖然我腦海中呈現了一本完成的書，但現實生活中的創作狀況，卻讓我力猶未逮，有時還很痛苦。生活中的其他方面，例如：身為人父的角色、健康以及財務狀況，全都亂七八糟。

但你知道嗎？我對這種情況竟然一點也不在意！因為我知道眼前的情況跟當下自我都是暫時的，我知道只要一個星期後，我就

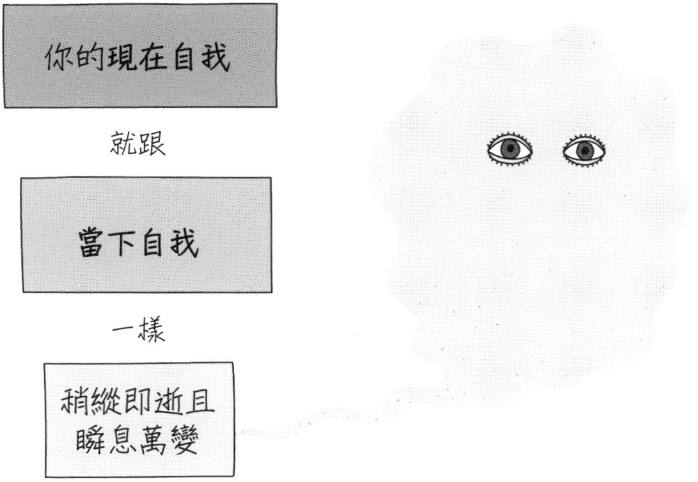
你的現在自我
就跟
當下自我
一樣
稍縱即逝且
瞬息萬變

能以不同的角度看事情，我的處境也會改變。

我並沒有被困住，你也沒有。

比起你目前所處的位置，你的人生軌跡重要多了。

第二個真理要告訴你，你的未來自我有可能與你的期待有所不同。歡迎各位造訪FUTURESELF.COM了解更多資訊。你會發現，當下自我跟以前的你有多麼不同。此外，你還可以想像未來十年後的你會變成怎樣。

愛因斯坦說得真好：「想像力比知識更重要。」[26]當你體會到未來自我將會是一個與今天的你截然不同的人，你將不再受制於現在就讓自己成為完美的人，或是相信自己已經是完成品。

當下自我是暫時、稍縱即逝的，說不定明天你就變得不一樣了。

就讓這個真理解放你吧，不論是當下自我、還是未來自我，你都要對他們更仁慈、更有同理心，給他們更多的關愛。

真理三

投資你的未來自我必定獲得回報

「時間可能是你的朋友或敵人，視其會提升你或拆穿你。」

——美國創業家傑夫·歐森（Jeff Olson）[27]

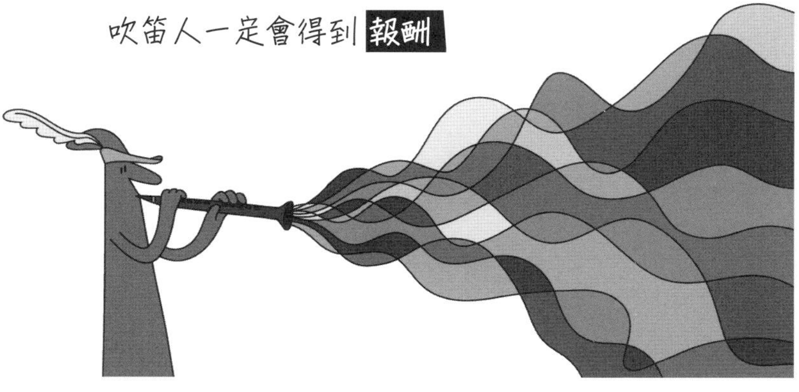

「付錢給吹笛人」（pay the piper）一詞，指的是你遲早要為自己的放縱行為付出代價，典故出自中世紀的德國民間故事《哈梅林的吹笛人》：哈梅林的村民飽受鼠患困擾，一名吹笛人表示，只要付他一筆錢，他可以為他們驅除老鼠，於是居民們採納了他的提議。然而吹笛人用笛聲驅走老鼠後，村民們卻食言拒絕支付酬勞，吹笛人為了懲罰他們，便用笛聲引誘村裡的孩童跟他上山，並把他們永遠囚禁在山中。

這個寓言的重點是什麼？不論結局是好是壞，你做的每件事都會有個後果，而你的未來自我則是當下自我累積而成的綜合結果。

在現實人生中，吹笛人就是你的未來自我，吹笛人一定會拿到報酬。你無法躲開未來自我，你必須付錢給吹笛人，你唯一的選擇是，「何時」付錢給吹笛人，以及付「多少」。作家吉姆．羅恩曾說：「紀律輕如鴻毛，追悔重於泰山。」當下遵守紀律可能只花你幾塊錢，但事後追悔恐怕得花上數百萬，這個原則同樣適用於付錢給未來自我。

當你透過小額但持續不斷的投資，每天乖乖付錢給吹笛人，然後在未來獲得收益，很划算吧。你每次付錢給未來自我，其實是在投資你的未來自我，將你的未來自我提升至更高、更好的層次。

相反地，如果你不斷向未來自我借錢，等到未來某個時候才還錢，累積下來的成本對未來自我絕對是弊多於利。這裡的成本指的是不會產生正面的結果、且通常只會造成負面影響的短期獎勵或放縱行為。

被動的行為反應代價通常很高。不論是健康、學習、財務和時間，你讓未來自我承擔的債務愈重，最終要付出的代價愈痛苦、愈昂貴。如果你不斷積累債務，屆時恐怕要付出可觀的利息。

你所做的一切，對你的未來自我不是投資就是成本。讓未來自我付出代價，意味著你不顧長期的後果，只著眼於眼前或短期的回報。讓未來自我付出代價，意味著你消耗的東西遠比你創造的多。

切記，莫因惡小而為之，代價多多少少會損及你的健康，包括：心理、情感、精神、人際關係和體力。不斷累積的代價會令你肥胖、懶散、糊塗且與世界脫節。代價不由你控制，而是反過來控制你。

品客洋芋片（Pringles）在一九九〇年代推出附蓋的罐

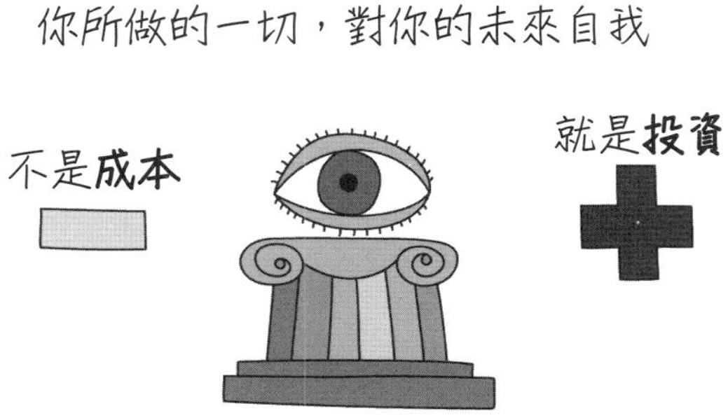
你所做的一切，對你的未來自我
不是成本
就是投資

裝產品時，還搭配了一句朗朗上口的廣告詞：「一開蓋，樂趣就停不下來！」（*Once you pop, the fun don't stop!*）之後的代價就是重度上癮，你有辦法一次只吃一片嗎？那太痛苦了，大多數人只要打開蓋子吃下一片，就再也停不下來了。

心不在焉的行為也是如此，一旦做了就停不下來。例如：你心不在焉地打開手機，下意識或隨機地查看一些自動推播，你不知不覺間就上癮了，然後在一天中不斷重複這種行為。

開蓋，開蓋，開蓋。

代價，代價，代價。

一早起床就心不在焉地打開你的手機，就像拿了第一片洋芋片；一旦讓自己進入消費模式，就永遠買不夠，因為這種行為的回報極其短暫、稍縱即逝。當你換個角度來看，把手機想像成會害未來自我發胖的洋芋片：只要你做出瞻前不顧後的短視決策，就是在吃洋芋片，未來勢必要付出高昂的代價。

與此相反的是投資未來自我，這種行為不會害未來自我陷入債務深淵，而是讓未來自我成功致富。持續讓你的未來自我獲得時間、金錢、人際關係的自由，圓滿達成整體目標。所謂投資未來自我，是刻意為他們選擇有意義的目標，採取深思熟慮的行動。每當你進行有意義的投資，無論是投資於學習、健康、人際關係還是經驗，都能讓未來自我變得更能幹、更自由也更成熟。

每項投資都會隨著時間的推移而產生複利效應，讓未來自我更富足。愈早開始投資，複利效應就愈早啟動。下面這句名言很多人都說出自愛因斯坦：

複利是世界第八大奇蹟，了解它的人可從中獲利，不明白的人將付出代價。

複利效應是指：微小的變化如何複合成驚人的結果。這是明智選擇所產生的漣漪效應，意味著生活中你的收穫比播種還要多。一切皆會隨著時間推移而產生，閱讀一本好書或許不會改變你的人生，但是隨著你一本接著一本地看下去。你的知識和觀點也會複合，創造出無法預測的變化和結果。日積月累，你變成了另一個人，而這個改變過程正是從一本書開始。

你的未來自我就是你每個當下行動所產生的複利效應。因此你的未來自我一定比你想像的還要更好，其規模和潛力遠遠超出你的預期。要是你明白未來自我的潛力有多大，你絕對願意提升當下自我的價值。

今天的一美元對未來自我來說，可能值二十美元、五十美元或甚至更多，如果你的未來自我拿著這筆資金去投資，可能賺到五百美元、一千美元或甚至更多。你手中的一美元瞬間有了無限的價值。當下自我手中握的一粒種子，有可能在未來自我家中長成一棵參天巨樹。今天你腦海中的某個構想，明天有可能成為一家公司，或是一項改變世界的社會運動。

然而，複合效應的威力遠不止於加速增長。

今天種下的一粒種子，能讓未來自我不只擁有一棵樹，種下的那棵樹還可能產生許多額外的好處或副產品，這些都是當下自我料想不到的。也許在種下第一棵樹後，你突然明白了樹木對地球的好處，於是你接連種下了數以千計的樹木，日後這些樹長成了果園和森林。培育果園的同時，未來自我學到了土地和農業的相關知識，然後你的農場每年可為數百萬人提供食物。而這一切的起因，都來自於你最初種下的那一粒種子。

如果你每週在股市投資五十美元，藉此建立一個投資組合。起初的五十美元乍看之下微不足道，但六個月之後，你的帳戶餘額變成三百美元。這筆錢很可能是你迄今為止攢下最多的金額。

投資行為影響了你的身分資本（identity capital），你的身分多了一個能增加收入的投資者。後設分析（meta-analysis）顯示，信心是先前成功的副產品。[28]當你看到一些小勝利，你的信心會增長，從而擴大了自己對於未來的想像力。

「要是我能存到三百美元，說不定還能存到三千美元；如果我能存到三千美元，那我就有可能存到三十萬美元。」

隨著信心不斷增長，動力也隨之增強，因為你相信自己會成功；隨著眼界不斷擴大，愈能激發你的動力，創造令人振奮的結果。

然而大多數人面臨的主要挑戰是，他們從來不投資或是太晚開始投資。另一個挑戰則是心眼太大，人們總是不屑從小事著手。說到目標時，人人都充滿雄心壯志，但是採取行動時，卻應該盡可能地將目標分解至最小的單位。

史丹佛大學的行為科學家暨《設計你的小習慣》（*Tiny Habits*）一書的作者福格（BJ Fogg）發現，從「小」做起是養成習慣的方式。[29]想要成功，你得投資很大，但要到達那個境界，你得從「小」開始。只是許多人不願意從「小」做起，他們不屑當個初學者或新手。

開始小額投資你的未來自我吧，哪怕是投資二十美元在加密貨幣、買下那本十一美元的書、在健身房運動三十分鐘。總之，開始投資於任何你想要獲得複利效應的領域。

我在二〇一五年踏上職業作家之路，當時是我攻讀博士學位的第一年。我跟文學經紀人和專業作家討論後得知，我必須擁有一定規模的讀者群，才有可能獲得出版商的青睞。於是我開始寫部落格，為此我還花了一百九十八美元購買了線上課程。當時這筆錢對我們夫妻來說是筆鉅款，幸好我得到太太的全力支持和祝福。我買了課程後，學會了如何創作病毒式的標題和文章結構，我還把自己寫的文章投稿到《富比士》（*Forbes*）以及《今日心理學》（*Psychology Today*）等媒體平台。

投資課程很值得，令我下定了成為職業作家的決心，並且有能力和信心成功地經營部落格。在頭幾個月裡，我潛心寫作，一口氣寫了五十篇文章，但這些文章平平無奇，所以瀏覽量不多。然而我不氣餒，不斷地刻意練習和應用所學，結果只花了幾個月的時間就寫出了第一篇爆紅文章，一舉獲得超過二千萬的瀏覽量。

小投資會產生更大的投資。你投資得愈多，投資所獲得的複利就愈多。投資能讓你專心投入，使你獲得成果。

投資是你積極主動提升願景和目標的方式，當你投資自己時，意味著你會致力於一個更大的願景。同時，你的努力程度改變了你的身分，因為身分是全心投入事物的產物。[30]

在攻讀工業和組織心理學博士課程中，我研究了想要創業的人與成功企業家之間的差異，以及差異在哪？成功的企業家是否遇到某個轉折點，讓他們從「想要」創業，轉變成一〇〇%全心投入、付諸實現？成功的企業家是否遇上一個不歸點（point of no return）？如果有的話，在這個不歸點之後，發生了什麼事？

我的論文主題為：創業需要勇氣嗎？（*Does It Take Courage to Start a Business?*）[31]我的研究證實了不歸點的存在，雖然想要創業的人相信自己可能在未來的某個時間點經過不歸點，但因為

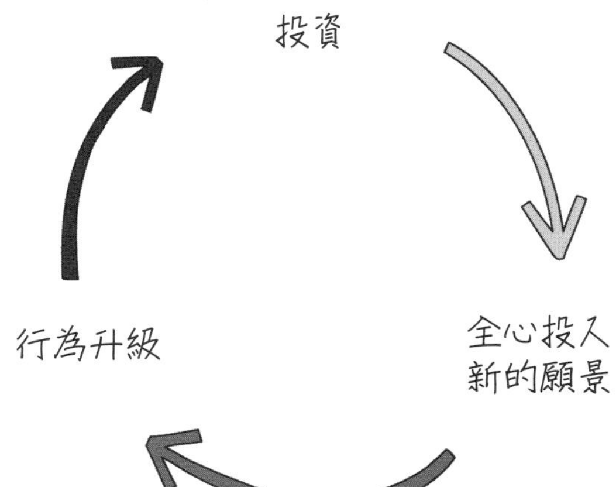

他們仍舊是個受雇者，所以始終未能走到那一步。唯有當人抱著破釜沈舟一定要成為創業家的決心，不歸點才會出現。而且他們通常是開始投資自己的事業後，才做出一定要創業的決定。

我最喜歡一位高中生的創業故事，他和朋友打算把全部的積蓄投入賣鞋事業，由於金額高達一萬美元，所以他們的內心其實非常害怕。當送貨卡車把大批鞋子運到他家時，他明白自己已經不能回頭了，而且他的身分也隨即改變了，他打定主意要達到成功創業的目標，他是這麼說的：

當我們把錢全砸進這批貨裡，結果要麼大賺一票，要麼血本無歸。我真的被嚇到了，這下子不成功便成仁，我必須想辦法賣掉這些鞋子，不能回頭了；隨隨便便脫手我怎麼可能拿回本金，我必須向前走。

我問：「這之後有什麼變化嗎？」

在那之後，我意識到我們真的在創業了，我開始認真思考自己能做什麼。當時我心想，哇，我真的開了一間公司，錢已經砸下去了，現在我必須好好經營它。我認為真實地見證到自己在經營公司的那一刻，確實改變了我跟合夥人的領導角色。

因為全部身家都投資下去了，他不得不全心投入這份事業，如此一來他的身分也跟著改變，從那時起他勇於承擔起領導者的角色，並且大膽做出應有的行為，最終獲致成功。在真正把錢投資下去前，他並未一〇〇%投入這份事業，之前他只是對創業的概念感興趣，而且實際投入資金當下，他還分身忙於其他事務。直到投入的資金變成產品庫存後，他才完全聚焦於這份事業，他的身分跟著新焦點一併調整，然後他的行為也隨新身分跟著提升了。

這就是你積極主動地改變與提升願景的方法：透過提升你的願景來改變你的身分和行為。投資愈多，你會愈投入。投資愈多，你的願景會愈遠大。你會全心投入你的時間、金錢和才能。

投資打破了那片限制當前潛力的玻璃天花板，提升你對自己的期許。如此全心投入的行為，會向你的潛意識發出信號，說明你可以變得比現在更有能力、更有成就。[32]就像意識能量學大師大衛・霍金斯所說的：「無意識只允許我們擁有自認為應得的事物。」[33]

你的未來自我是個吹笛人，你可以現在付錢給他，或是讓你的未來自我陷入債務危機。但是不管你怎麼做，吹笛人一定會得到報酬。現在就開始投資吧，然後不斷加碼你的投資，你的未來自我會感謝你的。

真理四

你的未來自我規畫得愈明確，你進步得愈快

「我們最關注的是我們對成功的定義。」

——創業家雅莉安娜・赫芬頓（Arianna Huffington）[34]

「你在衡量什麼就會看到什麼。」

——賽斯・高汀[35]

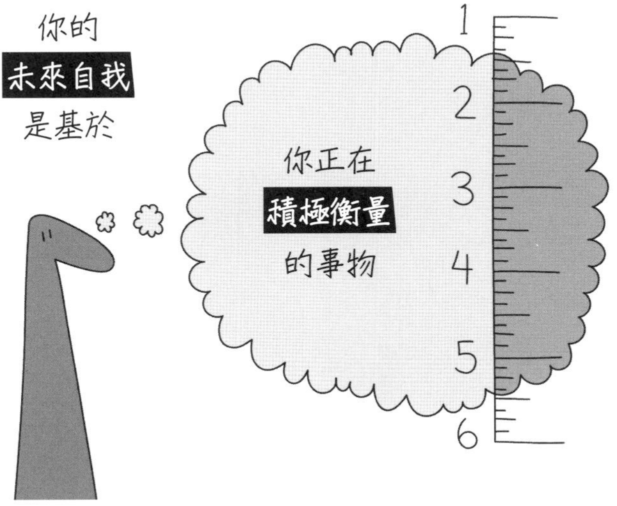

我的大兒子凱勒布今年十四歲，是位熱愛網球的運動員，他每週上三到五節網球課，每個月四處參加比賽，但是這一年下來，雖然他密集地練習，球技也明顯比對手好很多，卻還是輸掉了大部分的比賽。

最近凱勒布的教練私下問他：「你很有潛力，想在大學裡繼續打球嗎？」他告訴凱勒布，有一所網球專校可以提升他的球技，有助於他進入大學校隊，只不過要進入這所學校，凱勒布必須把通用網球評級（Universal Tennis Ranking，後文簡稱UTR）提高到三。

凱勒布和我一起上網認識UTR系統，還查找頂級職業選手的積分，順便研究了他想念的那所大學校隊要求。這個系統的積分從最低一到最高十六・五。截至二〇二二年一月四日為止，UTR世界排名第一的網球選手是喬科維奇（Novak Djokovic），積分高達十六・二六，美國排名第二的女網選手是小威廉斯（Serena Williams），UTR積分為十二・九三。

在接下來的兩個月裡，凱勒布必須將他的UTR積分從一・四提高到二・八，如果想進入心儀的大學，更要將UTR積分提高到九。所以他的下一個里程標非常明確，就是將UTR積分提高到三，如此一來才可以進入網球專校繼續學習。

當凱勒布有了明確的目標與衡量程序後，他竟然一連贏了九場比賽。他贏球的理由很充分：每場比賽都會影響他的UTR積分。有了明確的衡量標準和里程碑，凱勒布的練習成效大增，更懂得運用策略來慎選參加的每一場比賽。

之前凱勒布衡量目標的程序，既未與他的比賽掛勾，也未與長期未來自我建立連結，但是現在凱勒布清楚地看到他的未來自我會在大學裡打球，而且UTR積分破十。他的未來自我生動、詳細且可衡量。

有了讓UTR積分達到三的明確目標，以及衡量進步程度的評級系統，凱勒布便有了充分的理由，必須認真打好每一場錦標賽，贏球開關被打開了。

他想贏球。

「未來自我愈詳細、愈可衡量，就能愈快實現目標」之所以成為第四個真理，是基於有效的進步歸功於以下三項必要因素：有個可衡量的指標、對未來自我有個生動的願景，以及找到明確的里程標。缺乏這些要素，人們會不知道該往哪裡前進。

事實上，人們普遍認為迷路的人會兜著圈子走，於是研究人員測試了書籍和電影中所描述的相關主題：當人們缺乏明確的方向時，是否會兜著圈子走？

德國馬克斯．普朗克生物控制論研究所（Max Planck Institute for Biological Cybernetics）的科學家們，把實驗受試者帶進茂密的森林裡，並給出簡單的指示：「請直走。」在沒有路標指引的情況下，受試者只能依靠自身的方向感邁開腳步。

在實驗結束後的詢問環節中，一些受試者確信他們完全沒有偏離路線。雖然他們自信滿滿，但GPS資料卻顯示，他們其實是以直徑二十公尺的狹小範圍內繞著圈子走。[36]實驗證明：「人在沒有可靠的行進方向提示時，確實會繞著圈子走。」[37]

科學家對此情況提出的初步理論是，因為人們的兩條腿不等長，以致行走時會出現輕微的偏差，但這個想法很快被證明是錯誤的，因為同一個人經過多次測試後，他有時會往右繞著圈子走，但有時則會往左繞著圈子走。可見繞著圈子走並非因為兩腿不等長，而是像該研究的調查員所解釋的那樣，因為受試者「愈來愈不確定該往哪裡走才算直走。」[38]

該研究得出的結論是，如果你不清楚哪裡才是直線道路，即便你以為自己正在往前直走，其實卻是在繞著圈走。如果沒有明確的目標，沿途又沒有具體可見的里程標誌，那麼你就會鬼打牆似的繞圈圈。

你的未來自我愈生動、詳細且可衡量，就愈容易成為你所嚮往的那個未來自我。

日本滑板運動員堀米雄斗（Yuto Horigome）就是遵循一個詳細且可衡量的未來自我，進而獲致成功的最佳例子。堀米在二〇一七到二〇二一年時，從一位普通的職業滑板選手，搖身一變成為世界排名數一數二的滑板選手。

堀米在二〇一〇年十一歲時，開始認真玩滑板，很快到二〇一三年，他已經是日本公認的頂級滑板選手。但是他知道日本的滑板水準遠遠落後於美國，所以在二〇一四年，年僅十五歲的他便前往美國參加滑板比賽。為了實現職業滑板選手的夢想，堀米在十七歲時離鄉背井，搬到了世界滑板運動的聖地——加州。隨後儘管他參加了多項大型比賽，但一年下來卻沒贏過半場比賽。

堀米認真思考了沒能成功的原因，他體認到自己的動作和美國的滑板運動員大同小異，沒有什麼個人風格。於是他決定把滑板的基本功練到爐火純青，讓精確度和一致性都達到他人望塵莫及的地步。這個決定非常正確，他不但建立了自己的風格，還發明了

當前方缺乏明確的
里程碑時，
人真的會開始
繞著圈子走。

別人沒有的技巧，果然在比賽中脫穎而出。

畢卡索曾說：「要像職業選手一樣學習規則，如此一來你才能像藝術家一樣打破規則。」

從二〇一六年到二〇一九年間，堀米全神貫注於最重要的目標，他曾在受訪時表示：「說真的，每天練習對我幫助很大。」[39]堀米回想起他在小學畢業紀念冊中寫下未來自我的願景：「我要成為世界上最棒的滑板運動員。」[40]為了實現此這項目標，他必須成為滑板界的大師。

堀米每天投入數小時思考創新的技巧，並且不斷地演練充滿個人風格的絕技。他的滑板表演猶如一場由實踐、精確和智慧設計打造而成的視覺盛宴，把技巧性十足的動作如行雲流水般表現出來。

在那幾年間，堀米極度專注於刻意練習，也不斷地參加比賽。他開始斬獲勝利，從一位默默無聞的滑板運動員，躍升成全球頂尖的滑板明星。他從風格普通的滑板選手，成功升級為職業滑板大師。

在二〇一九年明尼蘇達州舉行的世紀極限運動會（X Games）上他贏得金牌，一躍成為世界排名第二的滑板運動員。接下來，他把注意力轉移到二〇二〇年的東京奧運會。

二〇二〇年的東京奧運會首次將滑板運動列入奧運比賽項目，不過因為新冠疫情大流行，奧運會不得不延到二〇二一年舉行。堀米利用這段意外多出來的時間勤加訓練，還發明了新的招式。

隨著二〇二一年七月東京奧運會的日益逼近，堀米的能力備受滑板界的矚目。雖然堀米的排名屈居美國滑板運動員尼亞．休斯頓（Nyjah Huston）之後，排名第二，但是當比賽正式展開時，堀米看起來比休斯頓還氣定神閒。

賽場上堀米的表現完美無瑕，單從技巧上來看，比其他滑板選手領先數十年；他的風格精準無比。最終贏得冠軍的堀米，不但成為家鄉的英雄，也成功把金牌留在日本。特別值得一提的是，堀米正好是在舉行賽事的有明城市運動公園附近長大，他竟然實現了自己的童年夢想。

堀米的成功要歸功於自身的創作講究細節和技巧。他不僅如願以償地成為世界排名第一的滑板高手，還發明了各種極具技術性、挑戰性且撼動人心的滑板表演。他的目標塑造了他的過程，而且持續全心投入其中，直到贏得奧運金牌。

第四個真理告訴你，實現未來自我的能力取決於未來自我的細節和生動性，因此未來自我愈詳細愈好。你的目標和里程碑愈具體且可衡量，你的過程和進展就愈有效。

真理五

別急於追求當下自我的成功

「經過多年的創意訓練、採取先苦後甘型投資的意願、接受一拳又一拳的衝擊，以及被拉下神壇的生活方式，遊戲開始慢了下來。你看到攻擊如慢動作般襲來，然後你在眨眼之間做出反擊。」

——西洋棋八冠王、太極拳世界冠軍喬希·維茲勤（Josh Waitzkin）[41]

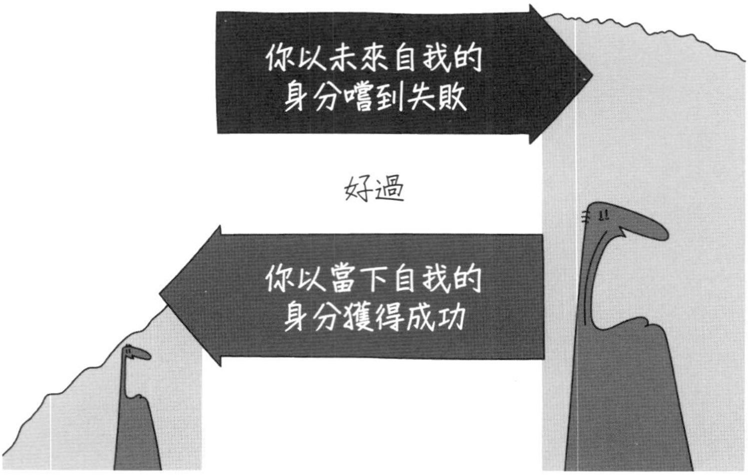

話說有天喬希・維茲勤跟著媽媽到紐約市的華盛頓廣場公園散步，看到一群人正在下西洋棋，當時年僅六歲的喬希立即被這個遊戲所吸引。

之後，他經常到公園跟街頭棋手對奕，七歲正式拜布魯斯・潘多菲尼（Bruce Pandolfini）為師，十歲便戰勝了名列大師級的棋手愛德華・弗倫金（Edward Frumkin），他用的招術是先犧牲掉皇后和城堡，換來六步之後的將死（chessmake）。

喬希十五歲就獲得國家大師的稱號，十六歲再晉級為國際大師。

一九八八年喬希十二歲的時候，他父親弗雷德・維茲勤出版了一本有關喬希的書，書名為《天生小棋王》（*Searching for Bobby Fischer*）。書中的故事在喬希十七歲那年改編成電影上映，當時喬希已經經榮登西洋棋世界的巔峰。西洋棋並非觀賞型的賽事，不過只要有他出賽，總能吸引大批觀眾。

可是對喬希來說，棋迷令他分心，名氣和獲勝的壓力也愈來愈大。於是他毅然決然離開美國和西洋棋，開始學習冥想、哲學和太極拳。喬希在著作《學習的王道》（*The Art of Learning*）中，分享了他如何運用「先苦後甘型投資」（investment in loss）策略，成為二○○八年太極推手的世界冠軍。

太極推手是一種競技型的武術形式。[42] 喬希一開始練習推手，便積極跟技術水準比他高好幾級的人一起訓練。喬希所謂的先苦後甘型投資，就是「全身心投入學習過程」，這意味著置身艱困的處境來強迫自己適應，面對自己的弱點，用喬希的話來說，就是被對手「打著玩」。

喬希認為「先苦後甘型投資」是一種極端形式的「**刻意練習**」。專門研究刻意練習暨高效表現心理學家安德斯・艾瑞克森（Anders Ericsson）指出，刻意練習是為了對抗人類容易養成習慣（亦稱為自動性，automaticity）的天性，這是一種不自覺下完成任務的能力。[43] 對某些任務來說，例如：繫鞋帶、開車，自動性非常有用，我們可以將心力投入在其他事情上。但是在學習和發展技能時，自動性卻會讓你的技能停留在某個水準，然後隨著時間的推移而慢慢下降。[44]

舉例來說，研究顯示，從業二十年的醫生，其技術往往比不上他們剛從醫學院畢業那時。年長的醫生被慣性思維和行為模式所困，所以長期以來沒有更新他們的做法。與其說他們擁有二十年的經驗，倒不如說是把一年的經驗重複了二十年。[45] 艾瑞克森指出：

> 大多數的休閒活動，例如：滑雪、打網球和開車，只需一些訓練和經驗——通常少於五十個小時——個人的表現便足已應付一般需求，而且會日益自動

化。於是他們不再有意識地控制自己的行為，也無法再刻意調整。例如：人們早就把如何繫鞋帶、如何從椅子上站起來的動作自動化了。當你毫不費力地達到這種程度的自動性與執行水準時，額外的經驗既不會提高行為的準確度，也不會優化中介機制（mediating mechanisms）的結構，因此累積的經驗並不會提升表現。相反地，有抱負的專家則會透過刻意練習來加強的經驗，進而提升他們的表現。所以雄心勃勃的專家面對的關鍵挑戰是，避免自動性導致的發展停滯。為了對抗自動性，他們會主動設定新的目標與更高的表現標準，包括：提高速度和準確性，以及掌控行動。專家們會刻意建構與尋找更具挑戰性的訓練情境，超越目前穩定表現所能達到的水準。[46]

刻意練習與「習慣」或「自動性」恰好相反，習慣就像開啟自動駕駛模式。刻意練習則需付出有意識的努力和關注，以實現具有挑戰性的特定目標。習慣是你的當下自我，刻意練習則是朝向你所期望的未來自我，集中精力努力前進。想要往前進步，就不能回到慣性或舒適區。

喬希的「先苦後甘型投資」策略，便是刻意練習的最終極形式。他敘述了當初他是如何應用「先苦後甘型投資」策略來學習推手，對付一位名叫艾文的大塊頭。他說艾文「身高近一米九，體重約九十公斤，空手道黑帶二段，學合氣道八年，太極拳也練了八年。」

喬希描述道：

當他朝我走過來，我已經做好接受撞擊的準備。每晚我的身體都像被一列貨運火車衝撞五十次，我真的不知道該如何放鬆下來，我覺得自己就像個拳擊沙包。基本上，我有兩個選擇——我可以躲開艾文，或是每堂課都被他打爆。有好幾個月的時間，我都被艾文打著玩，說真的，被打成這樣還要堅持「先苦後甘型投資」並不容易，每次練習結束我都是一瘸一拐地回到家。

這種反傳統的學習方法，讓喬希以未來自我的身分飽嚐失敗，而非急於讓當下自我獲得成功。在自由訓練時，陳師父班上的其他學生，都會選擇跟自己相同水準或是技不如己的人配對練習。由於他們不像喬希那樣刻意讓自己不斷經歷失敗的痛苦，所以喬希比其他同學進步神速，很快便追上對手的技巧。

其他學生不願採取「先苦後甘型投資」策略，樂中於讓當下自我獲得成功，不肯以未來自我的身分飽嚐失敗。不過這也不能怪他們，因為刻意練習真的很痛苦。

全心投入刻意練習，能讓你更清楚自己想要什麼樣的未來自我。三位研究未來自我的心理學家湯瑪斯・薩登多夫（Thomas Suddendorf）、瑪莉莎・布里寧（Melissa Brinums）以及井田加奈（音譯，Kana Imuta）指出：

> 唯有想像一個技能不斷精進的未來自我，才能透過刻意練習來激勵、規畫與執行我們的技能磨練。[47]

喬希也深信「弄清楚自己想要什麼」的重要性，許多人認為他是世界上最懂得高效學習的專家之一，喬希表示：「最終我體認到，自己最擅長的不是太極拳，也不是西洋棋，我最厲害的其實是學習的藝術。」[48]

身為西洋棋神童的喬希，不但年少有為獲得西洋棋世界冠軍的頭銜，後來還奪下太極拳和巴西柔術的世界冠軍。現在他專門訓練國際各界的專業人士，讓他們成為自身專業領域內萬中選一的頂尖專家。喬希的訓練方法便是以實現一個人的未來自我為基礎。

在二〇二〇年及二〇二一年時，喬希曾兩度接受提摩西・費里斯（Timothy Ferriss）的訪談，詳細說明了他主動與未來自我建立連結、獲取建議的過程，[49][50]他在二〇二〇年的那次訪談中說道：

沒有人比二十年後的我更了解我自己，如果我的目標是在某一門藝術中，能夠暢行無阻地表達自我或實現自我，就應該讓最了解我的人來教我，而那人便是二十年後的我。[51]

喬希之所以能不斷地運用先苦後甘型投資的策略，要歸功於他與未來自我建立連結。因為他是與高級進化版的自己連結，所以他願意捨棄當下的舒適，全心投入於未來自我，也非常積極地進化未來自我。

我在本書中一直用「**投資**」一詞，描述你對期望中未來自我所做的各種刻意行為。喬希也用投資來形容他的刻意練習，這並非偶然的巧合。對喬希來說，「先苦後甘型投資」是加速版的刻意學習，也是他對未來自我的全心投入。

全心投入未來自我意味著，為了加快進步的速度，必須在當下投資於損失或失敗。當你為了達成想要的目標，願意在當下投資於損失和痛苦，你就能愈快適應未來自我的水準。

未來自我的第五個真理是，以未來自我的身分承受失敗的磨練，好過讓當下自我獲得成功。這項真理恰好與威脅六——一直待在競技場外會阻礙你的學習和進步——互相呼應。

你想多投入競技場，完全由你自己決定。你打算學習和採用「先苦後甘型投資」策略到什麼程度，也是完全由你自己決定。

後來喬希說了他是如何堅持憑藉「先苦後甘型投資」策略降伏艾文的故事：

後來出現了一件怪事，首先，我習慣了艾文的重擊，不再害怕……後來隨著對打時我變得比較放鬆，自己心中的艾文似乎變慢了……然後到了某個時刻，我和艾文的情況明顯對調，我的訓練變得非常密集……我倆已經有好長一段時間沒有一起練習對打了，因為當我變強後，他就開始躲著我。但是這一晚，陳師傅安排我倆練習對打，艾文像頭公牛朝我衝來，我本能地躲開了他的攻擊，然後把他摔在地上。他重新站起身來，隨即朝我走來，我又把他摔了出去，我被這種毫不費力的輕鬆感給震驚了。就這樣練了幾分鐘後，艾文說他的腳不舒服，所以今晚就到此為止，我倆握手行禮，後來他再也不跟我對打了。

如果你想成為期望中的未來自我，就盡快以他的水準行事。現在的你顯然還無法達到那種高水準，所以你必須認真地訓練，抱持謙遜的態度並持續回饋。

人們對於先苦後甘型投資多半避之唯恐不及。做自己已經會做的事確實很舒服，贏得勝利的感覺也很棒，但是如果你恨不得趕快變成未來自我，那麼先苦後甘型投資就是能讓你達到目的的最佳策略。

真理六

忠於你的未來自我是成功的不二法門

「追逐未來，活在明天的世界裡……這是最振奮人心的生活方式，每天都像孩子過生日般，有著令人驚喜的新突破。這模式使你的大腦保持健康、年輕和活躍。因為一切永保如新，你不會依賴假設或習慣，你每天都會全神貫注且不斷學習。」

——創業哲學家、作家德瑞克．席佛斯（Derek Sivers）[52]

「這一點最重要：忠於自己。」

——戲劇家莎士比亞[53]

在第二次世界大戰爆發的前幾年，甚至在二戰期間，希特勒都是一名畫家。

希特勒在一九二五年出版的自傳《我的奮鬥》（*Mein Kampf*）中，提到他小時候的夢想是成為職業藝術家。[54]一九〇七年十八歲的希特勒拿著他繼承到的遺產——七百德國舊克朗（kronen）——前往維也納習藝，成為一名藝術家。然而儘管他傾盡多年努力鑽研畫技，最終夢想還是破滅了，他沒有通過維也納美術學院的入學考試。

希特勒分別在一九〇八年及一九〇九年兩度申請入學，但是都沒有過關。第一次入學考試時他順利通過初試，兩場初試分別畫了校方指定的肖像畫與聖經中的場景，每場各耗時三小時，只可惜他未能通過第二關，考官們審查了他的作品集後，認為他在建築方面的天賦高於繪畫才能。

希特勒把校方的拒絕視為一個沉重的打擊，最終令他的人生走上了不同的方向。史蒂芬・普雷斯菲爾德（Steven Pressfield）撰寫的《藝術的戰爭》（*The Art of War*）中有這麼一段話：

> 希特勒曾想當名藝術家……但你看過他的畫作嗎？我也沒有，抗拒擊敗了他，或許你認為這說法誇大其詞，但我還是要說：對希特勒來說，發動第二

次世界大戰，比面對一張空白畫布更容易些。[55]

要是當年希特勒能找到另一條途徑，如願成為事業成功的藝術家那該多好？要是當年他沒有放棄自己想要的未來自我那該多好？

但是他無法承受失敗和被拒；他未能抱持天無絕人之路的思維，為自己找到另一條出路；他的腦筋很死板。雖然他終其一生都在創作藝術，但是比起年輕時一心一意想要出人頭地的專注，此舉反倒像是心有旁騖。

影子職業（Shadow Career）是用來形容放棄自己夢想的人，選擇了一條替代路徑。就像羅伯．布勞特所說的：「我們未能達成目標並非遇到阻礙，而是被一條通往次要目標的明顯道路給吸引。」

雖然希特勒是史上最差勁的瘋子之一，但是他的人生故事卻是不少人的極端版本。作家德瑞克．席佛斯對於成功有相當獨到的見解，他認為除非你忠於自己真心想要或堅信的事物，否則不能算是成功了。他在二〇一五年接受提摩西．費里斯的訪談時被問到：「說到『成功』這個詞，你第一個想到的人是誰？為什麼？」[56]

席佛斯回答說：

任何問題的頭一個答案，通常都不怎麼有趣，因為那只是不假思索脫口而出的答案。你第一幅想到的畫是哪幅？蒙娜麗莎；說出一位天才的名字？愛因斯坦；說出一位作曲家的名字？莫札特。但是思考有即時的、無意識的、自動湧現的，也有緩慢的、有意識的、理性的、深思熟慮的。我真的非常喜歡慢思考，因為這種思考方式會阻止我對生活中的事物自動做出反應，然後慢慢想出一個更審慎的回應。

席佛斯把費里斯的問題改成這樣：

要是你改問：說到『成功』一詞時，你第三個想到的人是誰？為什麼他們實際上比第一個想到的人更成功？用這種方式提問的話，我第一個想到的人會是理查．布蘭森（Richard Branson），他是我的刻板印象；對我來說，他就像『成功』領域的蒙娜麗莎。說實話，你（看著主持人提摩西說）可能是我的第二個答案，但是我們可以改天再聊這個話題。經過一番思考後，我的答案才是我真正的想法，我們必須知道那個人的目標，否則我們無法給出答

> 案。要是理查．布蘭森原本打算過上平靜的人生，後來卻像個有強迫症的賭徒一樣，無法停止地創辦公司呢？那我們就不能再稱他為成功人士。

第六個真理要告訴你，忠於你想要的未來自我才是成功的不二法門。任何不忠於未來自我的行為都算失敗，不過隨著你的進步，對未來自我的看法也會跟著進化。這時你會面臨一個選擇，是要繼續走老路、還是改走新路？

許多人看起來很成功，但是實際上他們的人生只是偽裝的理想版本。就算是理查．布蘭森，如果他沒有做自己真正想做的事，也不能算是成功。同理，如果某人過著平靜簡單的生活，沒有名聲、金錢、聲望或任何世人認為的成功象徵，但是只要這個人過上他真正想過的生活，那他絕對稱得上成功。

外部因素絕非評斷一個人是否成功的標準，而是要看那個人的人生是否與其目標一致。

真理七

你對神的看法會影響你的未來自我

「我們最深的恐懼，不是自己不夠好。我們最深的恐懼，是擁有大到無法估量的力量。最令人害怕的，是我們的光芒而非黑暗。我們問自己：我憑什麼可以這麼優秀、美麗、才華洋溢、出類拔萃？但為什麼不是你？你是神的孩子，你的畏縮自抑無益於世，為了安撫身邊的人，而刻意讓自己變得渺小，根本毫無意義。」

——心靈導師瑪莉安・威廉森（Marianne Williamson）

請容我先聲明：本節絕非試圖說服各位信奉神明，基本上選擇權專屬於你。我旨在強調，你對神、對信仰的看法，甚至毫無看法，直接影響你對未來自我的看法。

無論你對神抱持什麼樣的觀點，都相當程度地影響你對自己、你的性格、你的潛力以及你的人生軌跡的看法。你對神的看法，影響了你對未來自我的看法——總體和個體兩方面——而且這裡的「未來」包含了今生與潛在的來世。

如果你相信神的存在，也相信你今生所做的一切會影響來世，那麼你對來世的看法就會大大影響你今天的行動。如果你不相信神的存在，認為今生即是終點，這樣的未來觀點同樣也會影響你現在的行為。

然而某些信仰的觀點會令你不清楚此生的目的，對命運抱持著有限的看法。以我的立場來看，任何可能限制未來自我的觀點都應該受到質疑，特別是涉及到信仰時。

另一種信仰的觀點則會大力解放未來自我，而我將跟各位分享自己對神的具體看法，以及採取這些有利觀點的好處：祂讓我對於自己的未來自我，以及對這顆星球上所有人的潛力，皆讚歎不已。

世人對於神以及神與人類之間的關係，存在著各式各樣的觀點，我將詳細介紹其中幾個經典架構。請原諒我只專注於這幾個觀點，因為我並不打算在此提供各種信仰形式的完整清單，我只想用簡單的語言，強調一個人的信仰對其未來自我的影響，期盼以此激發各位讀者省思自己的信念，以及這個信念如何影響著你的人生軌跡。

有一種常見的觀點是，神控制和決定一切，包括人類的所有行動和結果。依據這一觀點來看，你是誰、你這一生做了什麼一點也不重要，因為神已經決定了誰會上天堂、誰會下地獄。

這種觀點會產生心理學家所謂的外部控制點（external locus of control），亦即你認為人生中發生的所有事情，你都無能為力去改變。[57]這種觀點會阻止你掌控自己的行動和行為，並且把人生成敗全部歸罪於他人，甚至是神。[58]經研究證實，擁有外部控制點與憂鬱症直接相關。[59]

從我的角度來看，這種假設神是獨裁者和控制狂的觀點並不健康。再從人與神之間的關係來看，若一方控制與支配著發生在另一方身上的一切，這種關係絕對不健康。

這種觀點使我們成為神的傀儡，神決定了我們的最終命運。這種觀點會對你的未來自我造成破壞性的影響，因為你對未來自我會變成什麼樣子完全沒有發言權。認為你對未來自我完全無能為力的觀點，皆會限制你的發展。

另一個常見的觀點則認為神是造物主，人類是神的創造物；神憑空創造了一切，包括地球和我們。依此觀點來看，神跟我們截然不同，神是未知且無法理解的存在，據信這種觀點源於希臘哲學。[60]

這種觀點將神比喻成陶匠，而人類則是神製造的陶器。進一步延伸比喻：陶匠和陶器不僅性質截然不同，也毫無關係，如此一來陶器永遠無法理解陶匠，也無法與陶匠建立真正的連結，更別說成為像陶匠一樣的人了。

從「在神和人類之間打造了一道永恆鴻溝」的角度來看，我們永遠無法真正理解神，甚至無法與神建立連結。

我們可以敬拜神、讚嘆神及其創造物，但是我們不明白神為什麼創造了我們，不知神是誰或我們是誰。這種觀點會使我們對自己的身分感到困惑，也對自己的人生軌跡缺乏清晰的認識。

我個人最有共鳴的是最後這個觀點：我認為祂是最真實且非常鼓舞人心的存在。這個觀點將神視為人類的父母，每個人都是神的後裔[61]和繼承人[62]。

每個人降生地球前都曾與神一起生活過，並且出於自己的意願，選擇擁有這一世的凡人經歷而降生。凡人經歷讓我們向上提升和進化，向前邁進一步；人生就像一所學校、孵化器或模擬，純粹提供體驗和發展。[63]

我們的經驗和課題全都由自己選擇。

在《人生的遊戲規則》（*If Life Is a Game, These Are the Rules*）一書中，作者切麗・卡特-史考特（Cherie Carter-Scott）提出了人生的十條規則：[64]

1 你將得到一具身體。
2 你將學習一些課題——你在一所名為「人生」的全日制非正式學校就讀。
3 這裡沒有犯錯，只有課題（lessons）。
4 課題會重複上到你學會為止。
5 學無止境——只要你還活著，就意味著你仍有課題需要學習。
6 「外在一切」沒有比「當下」好。
7 其他人只是映照出你自身的鏡子——你無法愛上或憎恨某人的某些事情，除非事情映照出你自身的愛或恨。
8 要創造出什麼樣的人生由你決定——你擁有所有的工具和資源，想怎麼用都行。
9 人生的答案存乎你心，你只需觀察、傾聽和信任。
10 你會在出生時忘記這一切。

以上這十條規則，與十八世紀英國浪漫主義詩人威廉・華茲華斯（William Wordsworth）的詩作《頌》（*Ode*）遙相呼應：

我們的出生只是睡了一覺後忘記一切：
與我們一起升起的靈，我們生命中的星辰，已在別處落下，
又自遠方降臨：既未徹底遺忘，
亦非白紙一張，
我們拖曳著榮耀的雲彩
從神那裡走來，祂是我們的家，
自出生後天堂便長存我們心中。

用華茲華斯的話說，我們「來自」神，神是我們的家。此生其實是我們忘了自己從哪裡來、為何降生在這裡，以及我們將去何去何從。

但是答案就在我們心中。

身為神之兒女，我們降生到世上有其原因。

生命並非隨機發生，我們來自神，並且自己選擇降生到地球上發展、受教和體驗人生。身為神之兒女還意味著我們與生俱來獨特的能力，可以在「各方面」像神一樣。就像一隻小雞不會長成一頭牛，既然我們是神之兒女，自然會進化成神。

有些人擔心把神降格到與人類同等級的觀點很危險。但如果我們是神之兒女，那神是什麼？十九世紀的宗教導師羅倫佐·史諾（Lorenzo Snow）指出：「現在的人，曾經的神；現在的神，未來的人。」

就像父母之於孩子、橡樹之於橡子，神就是我們的進階版本。要是我們能看見神，就會看到一個更高等的人，所以我們是「按照神的形象所創造。」[65]

有別於我見過的其他觀點，這種把神視為父母的觀點，既提升了人性，又把我們與神連結在一起。我們來自神，是具有天賜無限潛力的神之兒女。就像十九世紀的詩人伊萊莎·史諾（Eliza Snow）的詩文所述：

天堂有父無母嗎？

不，這個想法令理性傻眼！

真理就是理性；
永恆的真理告訴我，
我有一位母親在那裡。
當我離開這個脆弱的存在，
當我放下這個凡人之軀，
父親、母親，
我能與您們在那至高無上的殿堂相見嗎？[66]

當我們生來就有能力在各方面變得像神，你的未來自我意味著什麼？這意味著無論神是什麼，你都能成為並擁有那一切。

抱持這種觀點的不只華茲華斯和史諾，在哲學上更有個專門術語叫做「神格化」（deification），意思是「把人抬高到神的地位」。[67][68][69]這種觀點早在西元二世紀就出現了，當時的希臘主教愛任紐（Irenaeus）即指出：

我們並非從一開始就被塑造成神，而是先當人，經過很長一段時間後終於成為神……超越了天使，並按照神的形像和樣式來製造。[70][71]

二十世紀的知名作家暨神學家C．S．路易斯（C. S. Lewis）是「神格化」觀點的虔誠信徒暨宣導者，他認為：

生活在一個凡人可能成為男神與女神的社會中是一件很嚴肅的事情；千萬記得你認為最呆板、最無趣的談話對象，說不定有一天會成為你想膜拜的生物……這世上沒有普通人。[72]

對我來說，這是對神和人類最直觀、最有說服力且最具威力的看法。我喜歡路易斯的說法：這世上沒有普通人。這觀點讓我能以敬畏和讚嘆的眼光看待每一個人。每個人與生俱來可以成為神的能力，此生只是我們進化中的一小步，在我們的身後與前方皆有著無限的延伸。一個人的軌跡遠比他們的當下自我更強大且更真實。

我們的內在信念是，人選擇參與俗世來做為自身進化的重要一步。我們在這場經歷中看到未來的自己，至於是否繼續進化，出於我們自己的選擇。

雖然我們是神之兒女，神卻賜予我們自由來決定自己要成為什麼、成為誰，完全沒有強迫或威逼。下面引述的這首讚美詩，是由伊利亞．史密斯（Elias Smith）和艾伯納．瓊斯（Abner Jones）於一八〇五年發表，原作者不詳：

須知每個靈魂都是自由的，
可以選擇其人生及成為什麼樣的人；
因為此一永恆的真理是給予：
神不會強迫任何人上天堂。
他會召喚、勸說、引導，
用智慧、愛和光來祝福，
用無以名之的方式使人好、使人善，
但絕不強迫人的思想。[73]

不論我們選擇什麼，神都會愛著我們、尊重我們。這就是第七個真理：你對神的看法影響著你的未來自我。你所認知的命運和身分是無法分割的。

每個人在選擇他對神、對人生以及對自己的看法時，都應該得到充分的尊重。我們目前的眼界既狹隘又無知，但是我們的未來自我肯定能從更高的境界來看待問題。

結論：未來自我的真理

你的未來自我是你人生的驅動力。

你的未來自我有可能與你的期待有所不同。

你的未來自我是不可避免、但可以選擇結果的。

你的未來自我是你正在衡量的。

以未來自我的身分經歷失敗是你的成功之道。

忠於你的未來自我是獲致成功的不二法門。

你對神的看法影響著你對未來自我的看法。

本書第二部分的內容，涵蓋了關於未來自我的七大核心真理。了解這些真理能讓你實現一個更大膽、更強大的未來自我。你將掙脫當下自我所抱持的固定思維。歡迎各位造訪FUTURESELF.COM取得相關資訊。

接下來我們要深入研究「立刻實踐未來自我」的七大步驟，當你應用這些步驟時，你能確立未來自我，排定人生的優先順序，刪除不重要的事物干擾。

第三篇
成為未來自我的七大步驟

「簡單比複雜更難做到：你必須努力梳理思緒才能化繁為簡。但是到頭來這麼做很值得，因為一旦實現目標，你就能撼動大山。」

——蘋果公司聯合創始人賈伯斯（Steve Jobs）[1]

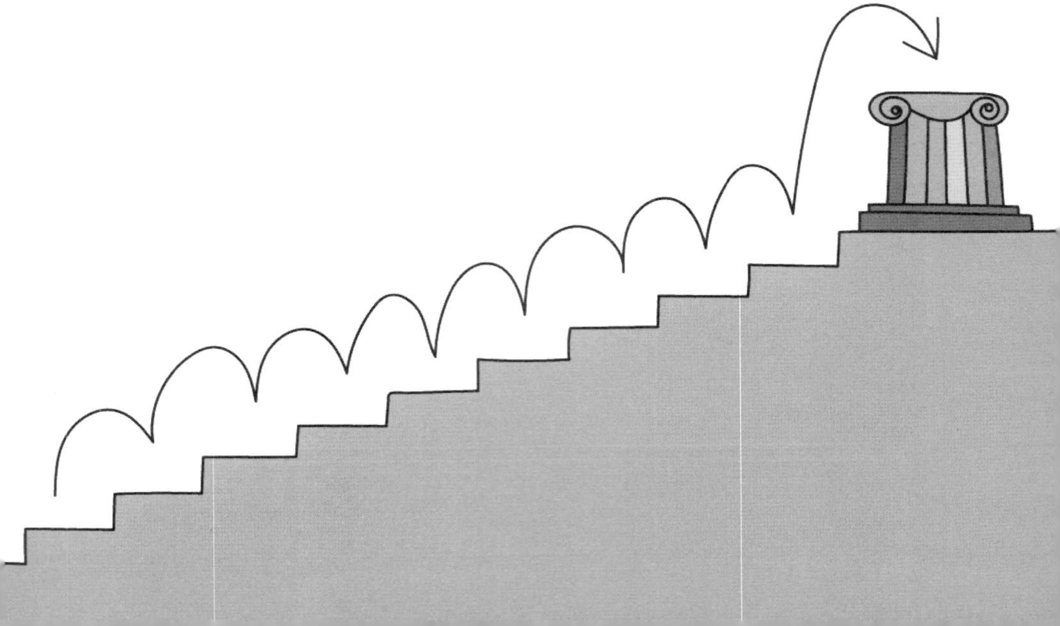

- **步驟一** 找到一個符合當下情境的目標
- **步驟二** 消除次要目標
- **步驟三** 從「需要」進化到「想要」、再進化到「知道」
- **步驟四** 只追求你真正想要的事物
- **步驟五** 把你的未來自我自動化和系統化
- **步驟六** 妥善安排你的未來自我
- **步驟七** 積極完成不完美的工作

結果
是
承諾成真

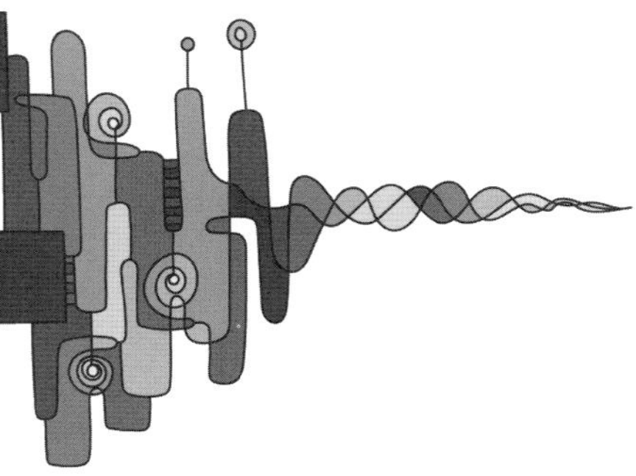

當賈伯斯在一九九七年重返蘋果公司時，公司正在失敗的邊緣徘徊。前一年的第四季，蘋果公司的銷售額大跌三成，公司的股價跌至十二年來的最低點，而微軟則躍升為市場龍頭。賈伯斯搞不懂蘋果公司為什麼要生產那麼多種產品，同一種產品竟然有幾十個不同版本。賈伯斯很想知道：「我該跟朋友推薦哪些產品？」

當管理團隊無法給他一個簡單的答案時，賈伯斯立即將蘋果的產品型錄刪減七成，並將公司規模從八千名員工大砍至五千人。「決定不做什麼和決定做什麼一樣重要，」賈伯斯說：「這道理既適用於公司，也適用於產品。」[2]

未來蘋果只會生產四種產品，蘋果為專業人士提供了Power Macintosh G3桌上型電腦和PowerBook G3筆電；至於一般消費者，則可選擇iMac桌上型電腦以及iBook筆電。賈伯斯的策略很簡單：專注於幾種主力產品，並且大幅提高產品的品質與創新力。

賈伯斯回來收拾爛攤子的第一個會計年度，蘋果公司的虧損超過十億美元，這一季再沒起色就得宣告破產了。幸好賈伯斯大刀闊斧砍掉一堆非主力產品、專注於主力產品的策略奏效了，蘋果在他回鍋的第二年就轉虧為盈，獲利達三．○九億美元。

賈伯斯的經營大計一直影響著全世界，他甚至在一九八三年用這套說辭把約翰．史考利（John Sculley）從百事可樂挖角到蘋果：「你想一輩子賣糖水，還是想跟我一起改變世界？」

賈伯斯將蘋果團隊凝聚起來，幫助他們創造幾項改變世界的概念，為蘋果的持續創新奠定了基礎。該公司不斷推出革命性的產品，包括：二〇〇一年的iPod、二〇〇三年的蘋果iTunes商店、二〇〇七年的iPhone，以及二〇一〇年的iPad。

賈伯斯本人是一位心思極其複雜的天才，任何傳記作家或心理學家都無法參透他，但是他的成功心法其實很簡單：賈伯斯對於未來該如何發展抱持相當明確的態度，並且勇於為自己的信念而戰。他是追求「少而精」、重質不重量的本質主義者（essentialist）。[3]其實在職業生涯的早期，賈伯斯做人不夠圓融，也缺乏領導技能，導致他被自己創立的公司解雇。在離開蘋果公司的十一年間，他學會了謙虛和領導力，以及創新和改變世界的技能。

賈伯斯離開蘋果的那段期間，投資了皮克斯工作室（Pixar），協助他們拍攝了一炮而紅的動畫片《玩具總動員》（*Toy Story*），拜該片大賣所賜，賈伯斯以億萬富翁之姿風光回歸蘋果。重返蘋果的賈伯斯脫胎換骨了，他的天賦和熱忱卻絲毫未減，他對未來的整體願景也未曾動搖。

從前那個自以為是、態度傲慢的賈伯斯，已經被經驗和智慧調伏了。儘管一路以來屢遭挫折和失望，但是他始終堅持那個想改變世界的未來自我，這信念得以讓他把一間近乎破產的公司，搖身一變成為全球最有價值的公司。

賈伯斯的故事為「成為未來自我」的七個步驟提供了穩固的基礎。就像所有的學習一樣，這個成為未來自我的過程有時很混亂、有時黯淡無光，但是你的未來自我會引導你。

你的未來自我會寬容對待這一路上你所犯下的過錯，因為他的觀點遠比現在的你和我更高瞻、更明智。現在的你已經知曉未來自我的真理與所面對的威脅，因此我相信你已經準備好採取具體步驟了，現在就成為你的未來自我吧。

你沒有時間再蹉跎了。

你的未來自我已經準備好要迎接你了。

步驟一

找到一個符合當下情境的目標

「複雜的最高境界是簡單。」

——政治家克萊兒・布斯・魯斯（Clare Boothe Luce）[4]

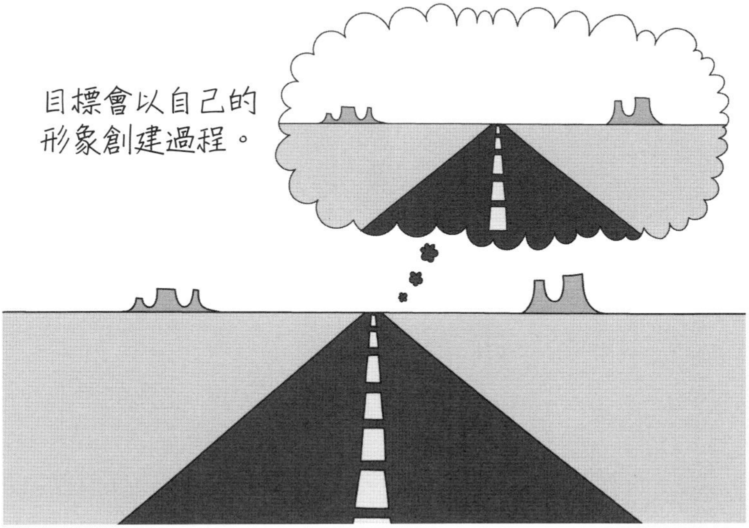

當維克多・弗蘭克被關在集中營時，是如此幫助其他俘虜同胞保持理智和希望：向他們指出一個可以期待的未來目標，就能為他們的內心注入力量。[5]

弗蘭克的重點不是幫助俘虜同胞找到人生的整體目標，而是幫助他們找到能在彼時彼地活下去的一個具體目標或目的，他們需要在艱難時刻找到能支持自己活下去的情境目標（contextual purpose）。

對弗蘭克來說，若能從集中營倖存下來，他就可以重寫《醫生和心靈》。這就是他的目標，高度具體的未來目標給了他活下去的意義，使他能夠承受痛苦，未來自我給了他活下去的力量。從集中營獲救，接著出版《醫生和心靈》後，弗蘭克的人生目標轉向能夠帶給他人生意義和方向的新事物上。

人們在設想自己的未來時經常受阻，因為大家都想為自己找到一個偉大的人生目標，如此一來你才可以活出真正的自己，生活會變得輕鬆又有意義。

能夠明確知道自己最終想成為什麼樣的人、過上什麼樣的生活的確是一件好事。但是對於你的價值觀、觀點以及所處環境的變化，抱持開放態度也很重要。你的未來自我對事物的看法會與當下自我不同，幾年後的你會隨著視角與觀點的改變，人生目標可能也跟當下自我完全不一樣了。

與其試圖定義你的人生目的，不如參考弗蘭克的智慧：**為自己設定一個符合當下的情境目標，也就是去做你認為當下最重要的事情**。

情境目標不宜超過十年。就拿賈伯斯來說吧，他的總體目標是改變世界，但在某段時間內，他的情境目標是創造和推出 iPod。一旦完成使命必達的目標，他會轉向下一個情境目標。

以當下所處環境來看，什麼是你當下必須達成或實現的當務之急？你想要實現且為之讚嘆的更上一層目標是什麼？找到一個符合當下的情境目標，涉及以下三個重點：

1 與你的長期未來自我建立連結。
2 根據你的三大優先要務，找到你的情境目標。
3 根據你的三大優先要務，設定未來十二個月的大目標。

能否與長期未來自我建立連結，攸關你當下的決策品質；你對未來自我的想像愈遠大、連結愈多，你擁有的資訊和策略就愈多，因為你的未來自我會隨情境做出適應和改變。

與你的未來自我建立連結後，下一步就是確定你現在能夠達成的重大目標，這就是你的情境目標。你可以透過優先技巧來定義你的情境目標，而優先要務就是你認為對自己和你的未來自我最重要的事物。

大多數人面臨的挑戰在，於沒有明確的優先要務。管理學大師吉姆・柯林斯（Jim Collins）在其暢銷大作《從A到A+》（*Good to Great*）中，說明了為數眾多的優秀公司，與少數獲得巨大成功的公司，二者間的區別為何。柯林斯發現大多數公司、甚至個人都有太多目標，以致於沒能堅持夠多的時間和精力在真正重要的目標上。

那些取得頂尖成就的公司，他們想要完成的核心目標絕對不超過三個，誠如柯林斯所述：

> 如果你有三件以上的優先事項，有也等於沒有。[6]

所有人面臨的主要問題，便是設定太多互相競爭的長期目標（goals）或實際行動目標（objectives）。吉諾・維克曼（Gino Wickman）與柯林斯英雄所見略同，他發現自己的客戶存在上述情況。維克曼是企業家作業系統（Entrepreneurial Operating System，簡稱

ＥＯＳ）的創造者，全球有成千上萬的成功企業家使用該系統。維克曼專門協助企業家釐清自己正在做什麼，簡化他們的工作流程和長期目標，讓他們的產品在市場上大受歡迎。

維克曼在《商業集客力》（*Traction*）一書中指出：

> 大多數公司都犯了一個錯，亦即每年想完成太多目標，試圖同時完成所有事情，然後最終卻因達成件數太少而沮喪不已。我有一位客戶起初很堅持這種做法……每當我們年初設定年度目標時，他便不斷地提出想完成的目標，最後他公司會得到十二到十五個年度目標。然而到了年底，他們完成的任務很少，結果就是大家都灰心喪志。幸好第三年他終於想通了：他們總是攬下太多任務了。

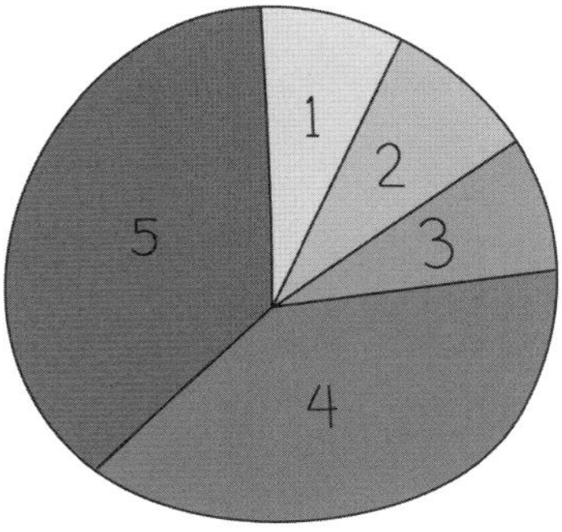

如果你有三件以上的優先事項，有也等於沒有。

——吉姆・柯林斯

有了這番體悟後，我們同意經營團隊今年只能選擇三個目標，到了年底，他們順利完成了，銷售額還增加了一九％，這是公司成立五年來最賺錢的一年。

人生就像一座花園，如果不刻意規畫、悉心照料，就會被雜草和隨機發生的事物所淹埋。當你設定太多互相競爭的目標和優先要務，就會出現這種情況。

同樣地，想讓你的未來自我成長茁壯，就必須投資你的未來自我。投資你的未來自我就好比栽種與滋養果樹，最終會結出果實。但是你必須先想清楚，未來自我想要擁有哪些果實或成果，再來決定要栽種哪種果樹。

如果你想在未來吃到莎莎醬，那就在園子裡栽種番茄、辣椒、洋蔥和香菜，紅薯就不必種了。關鍵是問自己：**你想獲致什麼樣的最佳成果？**

你希望未來自我變成什麼樣的人？你打算優先發展與大量投資哪幾個領域，以便創造十倍力的效果？你打算種下哪些種子或是在哪方面大筆投資，以獲得最高的回報？

例如：你希望未來自我能活得更健康，那麼健康就是你必須高度關注與大量投資的領域。如果你希望未來擁有能創造大額資產的被動收入，那麼財務就是你的優先要務。只有你自己能決定未來自我要在哪方面取得最佳成果。只有你自己能決定要種下什麼種子，以及你想過上什麼樣的生活。

確立未來自我的第二個關鍵是，**用三個明確的優先要務來定義你的人生使命**。

現在實現哪三項優先要務能讓你的人生更上一層樓？意思是，你要大力投資來創造十倍力效果的三大領域。這些優先要務是當下這個特定時間點上，最需要聚焦的領域，而且未來你的優先要務肯定有所不同。

我十幾歲的時候，唯一的目標就是在高中畢業後加入宣教團，我不知道以後人生會如何，但我相信加入宣教團是一件我能為未來自我做的最重要的事。不是念大學；不是想清楚我該有著什麼樣的人生；不是開始工作。我一心只想加入宣教團。要是我能達成目標，我就能從那裡想出下一步該怎麼走。

那項使命說不定救了我一命，就像當年拯救弗蘭克一樣。在十幾歲時，我內心早已傷痕累累又困惑不解，父母之間紛爭不斷、最終離異，我父親更深陷毒癮無法自拔，我家一直處在風雨飄搖的狀態。

如果當時沒有宣教這顆北極星指引我，我很可能被周遭的混亂給淹沒。我很清楚，宣教工作必須取得高中畢業證書。所以一心以宣教為目標的我，儘管差點畢不了業，最後還是勉強取得文憑。我還必須恪守各項準則才能成為傳教士，而這些準則讓我免於掉入毒品等藥物的陷阱中。

二〇一〇年我結束宣教任務後返家，當時已經二十二歲了，我為自己訂下了未來五年內要完成的三大優先要務：

1 和心愛的人結婚；

2 完成大學學業；

3 攻讀博士。

儘管沒上過大學，但是我知道自己想念楊百翰大學（Brigham Young University），這所大學和常春藤盟校一樣，競爭激烈很難申請。所幸我的目標明確，在鹽湖社區大學取得了全A的成績，最終被楊百翰大學錄取。

在第二個學期我遇到了蘿倫，八個月後我們結婚了。然後在首次申請博士班時，我一口氣申請了十五所學校，結果全軍覆沒。沒想到這卻成了我的重大收穫，因為我找到了這輩子最好的導師——內特．蘭伯特（Nate Lambert）。我倆共同撰寫與發表了近二十篇論文。有了這些寶貴經驗，我再度向心儀的學校遞交申請，最終選擇在南卡羅萊納州的克萊姆森大學（Clemson University）攻讀組織心理學博士學位。

二〇一四年開始讀博後，我又訂下了未來五年的三大優先要務：

1 壯大我的家庭；

2 完成博士學位；

3 開始寫作，並成為一名專職作家；

剛搬到克萊姆森後不久，蘿倫和我就成了三名孩子的寄養爸媽。在接下來的三年裡，我們持續與寄養系統交涉，直到二〇一八年二月，我們的收養申請奇蹟般地獲准了。一個月後，經過多年的不孕症治療，蘿倫透過體外受精懷上了一對雙胞胎女孩，她們在二〇一八年十二月誕生。

二〇一五年年初，我開始在網上寫部落格，當時是我在克萊姆森讀博的第二個學期。接下來的兩年內，我一共寫了數百篇部落格文章，並且累積出龐大的電子報名單。二〇一七年月，我簽下生平第一份出版合約，並於二〇一八年三月出版了《意志力不管用》（*Willpower Doesn't Work*）。二〇一九年我取得博士學位，獲得兩本書的出書合約：《我的性格，我決定》（*Personality Isn't Permanent*）以及《成功者互利方程式》（*Who Not How*），分別在二〇二〇年先後出版。

以上這些經歷把我帶到現在：蘿倫和我擁有六名孩子，最小的雷克斯在二〇二〇年十一月出生的。我們住在奧蘭多，三個大孩子分別是十四歲、十二歲和十歲。

現在我們所處的人生階段、目標和優先要務，跟五年前我剛到克萊姆森大學讀博時已經截然不同了。

> 我們跟從前不一樣了。
> 我們的處境變了。
> 我們的情境目標也隨之改變了。

最近我才跟蘿倫討論了未來幾年我們最需要關注的事物。我們一致同意要把時間優先留給年紀較長的三名孩子，他們正在經歷青春期，而且很快就會加入成年人的行列。因此我在二〇二一年為未來五年訂下的情境目標分成三個方面：

1 **家庭**：特別關注年紀較長的三名孩子；

2 **出書**：期許我的作者生涯能獲得十倍力，同時還能兼顧品質與銷量；

3 **財務**：希望我的淨資產也能產生十倍力，確保全家人的長期財務穩定無虞。

以上便是我想為未來自我優化的領域，同時也是我希望未來自我能嚐到的果實。我將大規模投資這三大領域，以確保目標都能獲得巨大的成長與複利效應。

我分享自己的優先要務只是想給大家做個參考，具體的內容並非重點。

現在換各位來回答問題了：**你當下的情境目**

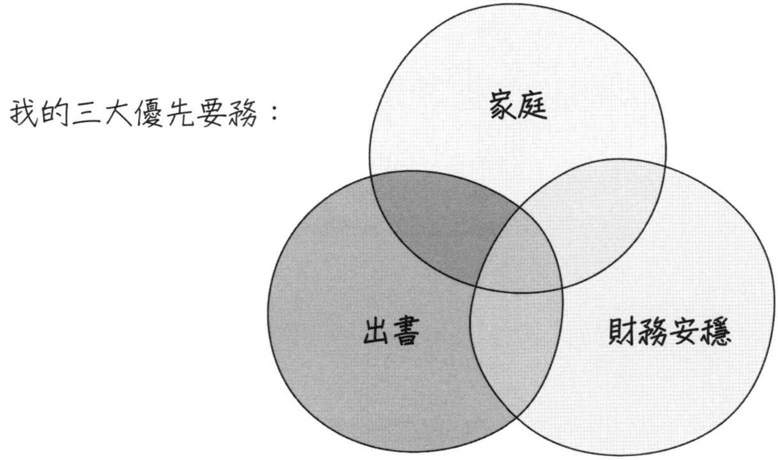

標是什麼？你的未來自我若更上一樓會是什麼模樣？你能為未來自我提供情境，使願景更加生動、詳細與個性化嗎？

現在對你來說，必要且最關鍵的優先要務是哪三個？這三個優先要務是否體現了你最重視的目的？這三個優先要務是否與你產生共鳴且興奮不已？

歡迎各位上FUTURESELF.COM取得相關資訊。在確立並定義你的三大優先要務之後，便可著手為每一個優先要務設定具體且可衡量的年度目標，以下就是我自己的二〇二二年目標：

一、家庭

- 二〇二二年期間，好好利用一百五十個非工作日（週三、週六、週日），陪伴家人並獲得最愉快的體驗；
- 為期六週的夏季歐洲之旅；
- 每個月與較年長的孩子們進行一對一交流；
- 關注且大力投資他們的運動和興趣。

二、出書

• 出版本書以及《十倍力比二倍力成長更容易》（*10X Is Easier Than 2X*）；

• 目前已出版的作品總銷量超過一百萬冊；

• 確定二〇二三年的出書計畫。

三、財務

• 達到財務自由的目標，亦即擁有足以讓後半輩子生活無虞的資產。

一旦確立了三大優先要務，就可著手為每個優先要務設定未來一年內的具體目標。將這些目標按重要性依序排列，問問自己：實現哪一個目標對你的未來自我會產生最重大的長期影響？我將二〇二二年三大目標依重要度排序如下：

1 挪出一百五十天的自由時間來陪伴家人、恢復精力、慢活；

2 出版兩本書；

3 達成財務自由的目標。

當你選定重要性排在前三的優先要務後，就問問自己：未來一年內，哪些目標有可能獲得十倍力成長？

目標決定過程。

「希望」的基本面是擁抱路徑思維（pathways thinking），當你希望目標成長十倍時，你就必須認真考量你目前的過程或途徑。

誠如丹・蘇利文所言：「當你的衡量標準是十倍時，你會立即明白怎麼做才能超越其他人。」例如：我打算將二〇二三年的財務目標提高十倍，我就必須徹底地重新考慮自己目前的計畫和流程，因為按照現在的方法和遊戲規則，顯然不能讓我達到成長十倍的目標。因此，如果我想在某個領域實現十倍力成長，我需要反覆試錯，找到或創造一條更有力、更直接的途徑，好讓即使只過了短短一星期，我的未來自我也比這星期的我懂得更多。

成長十倍需要的是專注和簡單。在你的年度目標中，哪一個最適合進行十倍力成長？

成為未來自我的第一個步驟是，找到符合當下的情境目標，當你弄清楚未來自我的情境後，便可以進入第二個步驟，凡是與你的目的和優先要務相互衝突的次要事物，一律去除。

步驟二

消除次要目標

「我們未能達成目標並不是遇到阻礙，而是被一條通往次要目標的明顯道路給吸引。」

——羅伯・布勞特（Robert Brault）

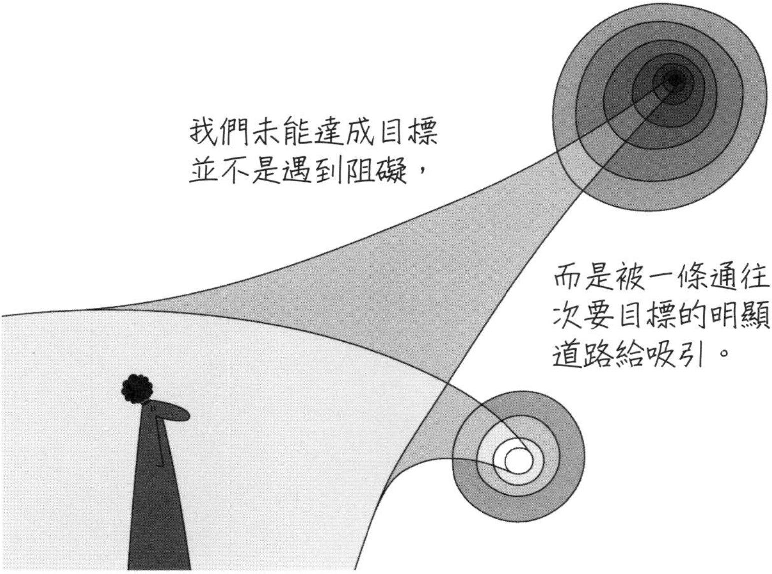
我們未能達成目標
並不是遇到阻礙，
而是被一條通往
次要目標的明顯
道路給吸引。

英國有個以酷愛漫畫、走到哪都帶著書而聞名的小男孩，他在一九七五年寫了一張清單，裡面列出他的未來自我將完成的事情：「寫一本成人小說、一本童書、畫一本漫畫、拍一部電影、錄製一本有聲書、寫一集《神秘博士》（*Doctor Who*）的劇本……。」

尼爾．蓋曼（Neil Gaiman）的清單在長大後改變了，他想成為「一名作家，主要寫小說，寫好書、畫好漫畫，靠文字養活自己」。他實現目標的策略是把未來自我想像成一座遠方的山，他向著山走去。每當遇到機會，他就會問自己：「這個契機會讓我更接近或更遠離這座山？」

如果某個機會不能讓他更接近山，尼爾就會斷然拒絕。他在二〇一二年的畢業致辭中表示：

> 我知道，只要我一直朝向大山走去就不會有問題了。當不確定該怎麼做的時候，我便停下來想一想，這件事會帶我走向大山還是會遠離它。我拒絕了雜誌社編輯的工作，也拒絕了一些待遇不錯的工作，因為我知道，儘管這些工作機會很吸引人，但是對我來說，卻會讓我遠離大山。如果工作機會早點出現，我可能會接受，因為當時它們確實能讓我更接近大山。

尼爾的登山策略奏效了，他成為世界上最著名的小說家之一，同時也是成人漫畫的先驅，他的書囊括了世界各大知名圖書獎項：雨果獎（Hugo）、星雲獎（Nebula）和布拉姆·斯托克獎（Bram Stoker），以及紐伯瑞獎（Newbery）和卡內基獎（Carnegie）。以前的山頭在他身後逐漸遠去，尼爾不但成為自己所期望的未來自我，而且表現得更出色。他的未來自我不斷進化，靠著保持專注，以及消除沿途不相干的次要目標，終於抵達他想征服的大山。

你的結果與你最堅持的事如影隨形，所以觀察自己的行為，就知道你正在堅持什麼。如果你試圖完成某項專案，卻不斷分心去做其他事情，其實你堅持的是分心，分心成了當下那一刻更重要的目標。如果你嘴上說要全力打拼一個優渥的退休生活，卻一直當個月光族，那麼你其實是堅持消費，而不是投資。如果你打算開始經營副業，卻把空閒時間全花在社群媒體或朋友身上，那麼你的堅持其實是社群媒體和朋友，而非所謂的副業。

當尼爾拒絕了編輯部的工作，他展現出自己對大山的堅持和決心。**你的行為反映出你眼中的未來自我，你的行為反映出你的堅持，因此你的結果也反映出你的堅持**。再次引用領導力專家吉姆·戴思默、黛安娜·查普曼和凱莉·克蘭普的觀點：

堅持（commitment）是對你想要獲得「什麼」所做的宣言，你可以從結果得知你正為了什麼而堅持，而非光靠嘴巴說。我們都在堅持，我們都在產生結果，結果乃是堅持的證明。[7]

現在的你正堅持當下的生活和習慣，為了當下的結果全力打拼。你讀這本書是出於想獲致更好的結果，想找到為之堅持的新目標。一旦你確立了某個特定目標，就必須問自己：**我是否有足夠的決心去放棄當下所擁有的一切？**

如果你真心堅持於更好的新目標，你會停止目前所做的許多事情。

成為未來自我的第二個步驟是，消除次要目標來簡化你的生活。每時每刻你都面臨著二擇一的考驗：堅持你的大山或是屈就於一個次要的目標。次要目標包羅萬象，從查看電子郵件或社群媒體，到是否要吃下那份甜點，也可能是糾結於要去追尋自己真正喜歡的事物，還是繼續做目前的這份工作。

凡是不能帶你走向未來自我的事物，就是次要的目標。關於堅持，已故哈佛大學商業教授克雷頓．克里斯汀生（Clayton Christensen）是這麼說的：「一〇〇%的堅持要比九八%來得容易。」一〇〇%的堅持之所以更容易，是因為如此一來你就消除了所有內部衝突，也驅逐了次要的目標，不會再發生決策疲勞。

堅持需保持警覺，防止次要目標胡亂作為。我們之所以維持許多習慣或人際關係，通常是出於害怕堅持所產生的諸多反響（repercussions），因此寧可繼續走在通往次要目標的明確路徑上，也不敢斷然離開。

論動機，我們會做出與目標相衝突的行為有其道理。你必須有個難以抗拒的結果或獎勵，一條能獲得該結果的道路，以及執行該道路的信心，你才會有動力。次要的目標就符合上述條件：這些路徑太容易到達而難以抗拒，一路上還提供快速、短期的獎勵。我們對次要目標的堅持程度，說不定遠遠超過對真正期望的堅持。[8]

次要目標是人生花園中的雜草，每當你堅持一個次要目標，就相當於在你的花園裡種下一根雜草。你種下什麼就會產生相應的結果。什麼植物在你的花園生長？你的花園是否為你的未來自我提供完善的環境？還是雜亂無章、雜草叢生？

你在第一個步驟找到了一個符合當下的情境目標，並確立了你的三大優先要務，你還為每個優先要務設定了可以衡量的具體目標。你打造了自己的大山，也設想了一座美好的人生花園。

這就是你想要的未來自我，對吧？

這就是你的人生使命，誠如維克多．弗蘭克所言，能為你的人生賦予了意義。想要實現你的未來自我，你必須一〇〇％堅持你的人生使命。你的人生使命和你的身分息息相關，你的身分是你最堅持的事物，你的身分追隨你的人生使命。

想實現人生使命，那麼成為未來自我的第二個步驟就是消除所有的次要目標。這些次要目標是你當下生活中的結構性面向，以及你在一天當中每時每刻所做的決定。我所說的結構性面向，是指你目前的習慣、行為和人際關係。你一天中所做的事情，有很多跟你的情境目標互相衝突：

- 那些次要目標是什麼？
- 生活中有哪些主要事物與你的情境目標相抵觸？
- 生活中有哪些事物超出了你的三大優先要務？
- 有哪些事情你現在會答應，但你期望的未來自我會一口回絕？
- 有哪些事情其實遠離你想去的大山，但你卻還繼續投資和堅持下去？

你必須鐵面無私地評估以上幾個問題。你的行為會清楚地反映出你正堅持著哪些事情。每一個瞬間，你都可以選擇努力實現你的目標，或是屈就於一些次要目標。

消除次要目標是一個持續的過程。身為職業作家，每天、每時、每刻我都面臨著二擇一的選擇：寫書或是做其他事情。生活是動態而非靜態的，幾乎每一瞬間你都得面對各式各樣的選擇、干擾、別人的訴求，甚至是自己的各種欲望。你需要用心和洞察力，才能在每個時刻做出當下最好的決定。

例如：如果你的孩子受傷了，或者突然發生緊急情況，顯然你應該送他去醫院吧。但是在大多數時候，正確的道路沒有那麼明顯，除非你像蓋曼一樣，有一座非常具體的大山。只有在堅持一個符合自己優先要務的具體目標後，你才有能力分辨出某時某刻做出什麼樣的決定最好。你只需要自問：**做這件事會將我帶往情境目標嗎？這是最有效的事情嗎？**

如果答案是否定的，那就把焦點重新聚焦到你的願景。當你不慎追求一個次要目標時，趕快回頭堅持你的願景。法國作家和詩人安托萬．德．聖-艾修伯里（Antoine de Saint-Exupéry）曾說：

完美不是再也沒有什麼可以**添加**的時候，

而是再沒有什麼可以**刪除**的時候。

完美不是再也沒有什麼可以添加的時候，而是再也沒有什麼可以刪除的時候。

你可以立即消除哪些次要目標？每一天與每一刻，你都會面臨目標互相衝突的情況，這時你會怎麼做呢？你的行為會展現出你真正堅持在哪些事情上。成為未來自我的第二個步驟是消除次要目標，這是現在就成為未來自我的基本步驟。

步驟三

從「需要」進化到「想要」、再進化到「知道」

「要麼去做、要麼不做，沒有試試看這回事。」

——《星際大戰》的智者尤達（Yoda）

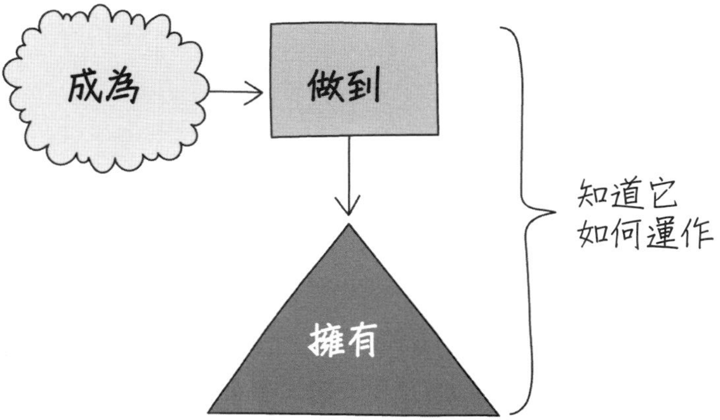

能量學大師大衛・霍金斯提出意識圖（map of consciousness）的概念，[9]反映情緒發展的各個層次：從層次較低的羞恥、恐懼和憤怒，到較高層次的勇氣、接受、愛和開悟。

你在情緒圖上的層次愈高，愈容易創造你想要的生活。相反地，在情緒圖上的層次愈低，你的生活中會出現較多的摩擦、反抗和痛苦。在情緒圖上逐層往上晉升的過程，就是從「需要」進化到「想要」、再進化到「知道」。

當你認為你「需要」某樣東西時，你會對它產生一種不健康的依戀。需要意味著你處於深度缺乏的狀態，在需求獲得滿足之前，你無法快樂或完整。「想要」雖然比需要健康，但仍然處於缺乏的狀態：想要是假設你並不擁有你渴望得到的東西。「知道」的層次又高於想要，知道是接受你已經擁有你想要的東西，讓你得以生活在一個接受、和平且感恩的狀態中。

正如二十世紀初的靈性導師芙蘿倫絲・希恩（Florence Shinn）所說：「信仰知道它已經得到了，並按此行事。」[10]演員丹佐華盛頓（Denzel Washington）也曾說過：「內心真正渴望的美好事物，都是上帝預先向你發出的證明，表明它已經屬於你了。」

當知道某樣東西已經屬於你，你的行為會不同於你「不知道」的時候。一位知道自己能成交的業務員，與想談成一筆交易的業務員，二者的行為完全不同。如果一個人知道自己隔天早上起床後要去健身，他的行為會跟單純想去健身的人不同。知道是一種內心體驗，是一種接受的狀態。

閉上眼睛，仔細想想你的未來自我，想像你已經處於你想要的境界：你是否住在你想要的房子裡？和你的愛侶依偎在溫暖的壁爐邊閒話家常？你正以某種速度跑一場馬拉松？把願景當成你已經擁有並接受它。如果你想要這樣的人生，就向神祈求，問你是否能擁有，然後等待和平降臨你的靈魂。微笑地感受那份和平，真誠地對你的願景表示感恩。

作家兼靜坐冥想老師喬．迪斯本札（Joe Dispenza）指出：

感恩是一種可以用來顯化（manifesting）的強大情緒，我們通常在收到東西後感恩，而感恩的情緒特質意味著好事已經發生了。當你心存感謝或感激之情時，你就處於接收好運的狀態。當你擁抱感恩時，你的身體，也就是你的無意識心靈，將開始相信當下正處於未來的現實中。你必須真正感受到這股未來的情緒，這不是一個動用腦力的過程，而是一個發自內心的過程。你相信自己值得收到什麼？你能教會你的身體，在你尚未得到想要的東西前，便展現出接收到它時的激動之情嗎？為了要顯化這份好運，你必須能夠在當下做到這一點。

人們之所以不能得到他們想要的東西，其中一個主要原因是他們覺得自己不配擁有。他們雖然能在精神上想像自己想要的目標，但在情感上卻抗拒去擁有這個現實。

他們不相信自己的未來自我。

他們不覺得自己可以擁有富足人生。

他們被困住了，而且想反抗。

成功學大師拿破崙．希爾（Napoleon Hill）曾說：「凡是能夠設想和相信的，頭腦都能夠實現。」他更進一步指出：「如果祈禱是對你已經擁有的好運表示感激和感恩，而非請求你尚未得到的事物，你會更快獲致結果。」[11]

對已經發生的人事物表示感恩，那份感恩很有力量。當你主動對你未來想要的東西表示感恩，力量也非常強大。感恩能將你的情緒層次，從想要提升到知道。

每當我有真正的渴望時，我會冥想：在腦海中觀想它已經屬於我，並向神祈禱，直到我到達知道的狀態。例如：我會閉上眼睛想像我想和家人一起住的房子，然後深吸一口氣、收下這個家，接著輕輕呼出我對美夢成真的感恩。我全然接受我想要的東西已經屬於我了。

我的心非常平靜。

我完全沒有匱乏感，只有全然的感恩和接受。

人生哲學大師詹姆斯・艾倫（James Allen）在其經典著作《我的人生思考》（*As A Man Thinketh*）中寫道：「人不會引來他們想要的東西，只能引來與自身相符的事物。」[12]這句話充分解釋了為什麼到達知道和接受的境界是很重要的，這也是為什麼你現在就必須成為你的未來自我。

因為你的行為遵循你的身分，而身分的科學定義是：「一個條理分明的自我概念，由此人堅定不移的價值觀和信仰組成。」[13]你最堅持什麼，那就是你的身分。當你把自己的身分對齊你的未來自我，並完全接受這一真相，你的行動就會跟你的未來自我一致。史蒂芬・柯維曾說：「知道了卻不去做，就等於不知道。」[14]

當你知道了，你就會去做；知道卻不去做，就等於不知道。再度引述芙蘿倫絲・希恩的話：「信仰知道它已經得到了，並據此行事。」信即是知，知道會自動產生更高度且一致的行為。

你對未來自我採取的每一個小行動，都會提升你的知道和堅持；你對未來自我採取的每一個小行動，都是你信仰的證據。你對未來自我採取的每一個小行動，都讓現在的你能夠更全面地成為未來自我。

「擁有」的兩大關鍵是知道且提前成為未來自我，激勵大師吉格・金克拉曾說：「你必須先**成為**，然後才能**做**；先**做**，然後才能**擁有**。」這與大多數人實現欲望的方式恰好相反，所以只有少數人能夠過上他們想要的生活。一般人多半以為你必須先擁有，你才能做到，最終成為你想要成為的人。例如：想成為企業家的人，總以為先要有一筆資金，或是一個出色的想法，或（自行填空），如此一來才能做自己想做的事，最終變成自己想成為的那個人。

然而認為「自己必須先擁有」的想法，會使人不斷地踏上通往次要目標的路徑，但是次要目標永遠不會把你帶往你原本想去的地方。舉個例子：我朋友想在退休之後全職從事人道服務，但是他認為自己必須先擁有相關的證書、資金和經驗。他沒有在當下就成為他的未來自我，而是花了十多年的時間來積累資格證書，他認為這些資格證書最終能讓他做自己想做的事。他完全並沒有意識到，現在他就可以成為未來自我。如果他從**成為**，也就是**知道**開始著手，那麼他的行動就對齊了他的未來自我，而非現在這個有限的自己。

接受並知道你想要的已經屬於你，你就可以從目標成為、做到未來自我，而非一心朝著目標下手。你知道自己成功了，並且以未來自我的立場和心態行事。因為**你的行動是發自目標而非朝向目標**，所以你的行動會更有力且一致。

如果你的行動發自當下的身分，而你當下的身分植根於當下的堅持，而非你的未來自我時，你的行動效果就會減弱，而且與你的目標不一致。實現未來自我的唯一途徑，便是現在就成為未來自我。

先成為，再做到，然後擁有。一旦你接受了未來自我的真相，並且知道它已經屬於你，那麼你的行動與願景就會一致。你的處境立即轉變，你將看到以前你無法看到的，你不會再做出不符合目標的事情。

接下來我們將進入第四個步驟：當你處於知道的狀態中，你會直接尋求你想要的，你會看到能讓你達成目標的路徑和人際關係。誠如蘇格蘭登山家威廉．哈金森．莫瑞（William Hutchinson Murray）所說：

一個人在下定決心前，難免會猶豫不決、想退縮，結果總是成效不彰。所有的帶頭行動（和創造），皆有一個基本真理，不明白此一真理，將扼殺無數的想法和精彩的計畫：當一個人堅定地對自己做出承諾時，天意也會跟著行動。原本不會發生的各種事情將會發生，一同幫助此人達成目標。這個決定引發了一系列的事件，各種有利於他的不可預見事件、相遇和物質援助都會降臨在他身上，這是任何人都無法想像的。

步驟四

只追求你真正想要的事物

「你們祈求，就給你們……因為凡祈求的，就得著。」

——英王欽定本聖經《馬太福音7:7-8》

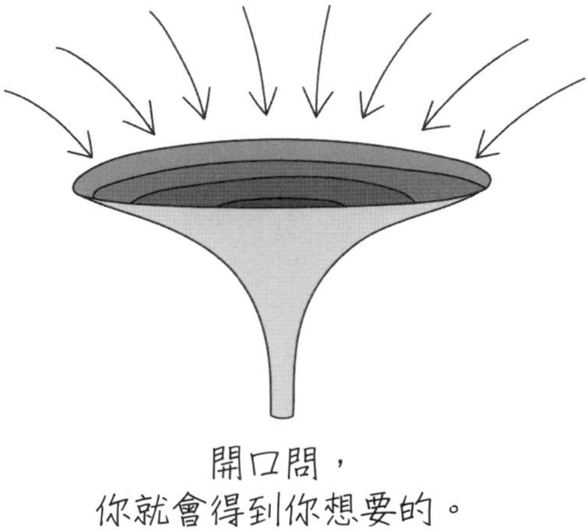

開口問，
你就會得到你想要的。

在大學畢業後的五年間，艾曼達・帕爾默（Amanda Palmer）靠著在街頭扮演雕像維生。白天她把自己的皮膚塗成白色，穿上白色的衣服，站在公共廣場的一個箱子上，腳旁放著一頂倒扣的帽子。每當有人扔一美元到帽子裡，她就會以眼神致謝並遞給對方一朵白花。晚上帕爾默則跟著男友在當地表演，他們的雙人組合叫做「德勒斯登娃娃」（Dresden Dolls），帕爾默負責作詞和彈鋼琴。隨著他們的音樂愈來愈受歡迎，終於帕爾默不必到街頭賣藝了。他們展開巡迴演出，而她仍舊樂於跟街上的陌生人眼神交流，她很喜歡這種直接的人際關係。

演出結束後，他們會幫歌迷簽名並合影，甚至透過推特尋求粉絲的幫忙。正如帕爾默在她的TED演講《要求的藝術》（*The Art of Asking*）中所說：

> 當我需要有架鋼琴練習時，一小時後我就會出現在某位粉絲的家裡練琴。我們在世界各地巡演時，粉絲會帶著家常菜到後台和我們一起享用。要是我在最後一刻決定來一場快閃的免費演出，那些在博物館、商店或是各類公共場所工作的歌迷，就會隨著音樂揮舞他們的手。我曾經在推特上問：「墨爾本哪裡可以買到淨水壺？」一位在醫院工作的護士，立刻驅車將淨水壺送到我

所在的咖啡館，我請她喝杯冰沙，我們就坐在那兒談論著護理和死亡。

隨著德勒斯登娃娃樂隊的知名度不斷攀升，一家大型唱片公司遞出合作機會。他們簽了約又發行一張專輯，但是唱片只賣出二萬五千張，唱片公司認為這次專輯發行很失敗。

某晚演出結束後，帕爾默照例為粉絲簽名、跟粉絲擁抱。此時有個人走了過來，遞給她一張十美元的鈔票說：「不好意思，我從朋友那裡燒了一張你的專輯CD。我讀了你的部落格，知道你很討厭發行專輯的唱片公司，請收下這筆錢做為補償。」

由於粉絲持續跟帕爾默買唱片，這種交易方式有別於透過中間人的販售模式，帕爾默與花錢支持她的人擁有了直接的連結。從那時起，她決定免費贈與自己的唱片給知音，還決定日後需要幫忙時，她會勇於直接開口。她離開了那家唱片公司，並為她的新樂隊《大盜樂團》（*Grand Theft Orchestra*）的新專案展開眾籌：

我的眾籌目標是十萬美元，但粉絲支援我近一百二十萬美元，這是迄今為止金額最大的音樂眾籌專案，而且贊助人數多達二萬五千人。

帕爾默建議我們要勇於開口、要學會信任，學會給予和接受。她的TED演講最後說道：

我認為過去的這種想法是錯的：「我們如何讓人們掏錢買音樂？」我們應該開始問：「人們怎樣才願意為音樂付費？」

至今，帕爾默人生中擁有的一切都是開口得來的。

葛蘭姆．史蒂芬（Graham Stephen）是一位談論財經議題的YouTube頻道主，擁有數百萬訂閱量。在每支影片的開頭，他都會找到巧妙的方法，要求觀眾按讚並訂閱他的影片和頻道，有時他會花上三十到六十秒的時間做這件事。他充滿娛樂性的求訂閱方式，常逗得粉絲會心一笑。

當然也不是所有的觀眾都支持這種做法，有些人就曾批評葛蘭姆：「要是你的影片夠好，哪需要開口求觀眾按讚和訂閱。」他們的想法大錯特錯。葛蘭姆的頻道之所以成功，大部分歸功於他拜託觀眾幫忙按讚和訂閱，因為每當有人支持他的影片，這個「按讚」行為就會令YouTube的演算法做出對他有利的結果，進而讓他的影片出現在更多人面前。

在葛蘭姆的舊影片中，他不像現在那麼厚臉皮地直接要求觀眾按讚和訂閱，他要麼根本沒問，要麼就是問得理不直氣不壯。隨著時間的推移，堅持致力於頻道發展的決心讓他不再害怕了。他接受了未來自我，並開口要求他想要的東西，然後他的頻道火了，也讓他賺進數百萬美元。

知名作家喬書亞・沃夫・申克（Joshua Wolf Shenk）在《2的力量》（*The Powers of Two*）中也指出：「當你說出你想要的東西，哪怕只有一個人聽到了，也可能開始產生迴圈。」[15] 十九世紀初的美國宗教領袖和先知約瑟夫・史密斯（Joseph Smith）曾說：「讓主疲憊，直到他保佑你。」[16] 約瑟夫以奉獻自己的一切而聞名，有時搞到自家的碗櫃也空無一物。

有天他家只剩下一點玉米粉，再無其他。他們便用那玉米粉做了玉米餅，然後約瑟夫禱告說：「主啊，感謝您賜給我們玉米餅，還祈求您送我們更好的東西，阿門。」飯還沒吃完就有人來敲門了，有個人帶了火腿和麵粉送給他們。興奮的約瑟夫跳了起來，並對他的妻子艾瑪說：「我就知道主會回應我的禱告。」[17][18]

當你直接大膽、不帶歉意地祈求時，你就會知道自己是認真的。開始請求，你就會開始接受。一旦勇於直接提出要求，你會訝異那麼快就得到你想要的東西。例如：在過去三天我收到的電子郵件裡，恰好提供了我想要的東西。此時此刻我正在尋求兩件事，其一是與某人合作的可能性，像合寫一本書之類的事。我已經告訴別人我的目標，所以我知道此事會成，果不其然我收到了有意合作者的資訊，他們都是我想要合作的對象，而且他們也都樂意支付我所要求的費用。

當你開口要求時，門就會打開。通常情況下，我們害怕開口要求自己想要的東西，是因為我們認為自己無法得到它，所以我們降低要求，然後僅得到內心能夠接受的事物。

我尋求的另一件事，是尋找一位代筆人來幫忙我構思下一本書的初稿。此舉不但可以實現我的三大優先要務，還能兼顧陪伴家人的願望。我早就放出風聲說我想找一位代筆人，結果今天早上我收到一封毛遂自薦的電郵，他曾代擬過三十本書，而且還是我多年來的粉絲。這件事堪稱是得來全不費功夫，你可以當一隻四處尋找花朵的蜜蜂，你也可以當一朵靜候蜜蜂上門的花。

當你直接且明確地說出你想要什麼，你想要的東西就找到你。我真的很慶幸自己當年壯起膽子開口邀請蘿倫跟我約會，更高興被拒後我並沒有氣餒，仍舊持續邀約，即使有一段時間她對我根本不感興趣。但我不死心一直追求她，終於我們有了一次正式約會。之後我向她求婚。

我也記得我請內特・蘭伯特擔任我的導師，並讓我協助他發表論文。我還請求克萊姆森大學的鮑伯・辛克萊爾（Bob Sinclair）讓我攻讀博士，儘管我錯過了申請課程的最後期限。我也問了丹・蘇利文，是否可以跟他合作寫書，現在我們正在合寫第三本書。

記得有一次我到德州的聖安東尼奧參加一場學術會議，我在旅館的健身房運動時，巧遇金州勇士隊的幾名成員，我問他們能不能幫我弄到兩張票，結果當晚我和教授不但觀看了比賽，而且座位位置超棒。

你會得到生活中你想要的事物，只不過有時你必須堅持不懈地開口要求。然後隨著你不斷地提升，你會想要得到更棒的東西，還會看清你的未來自我。你的要求會更具體、更符合你日益成長茁壯的未來自我。

成為未來自我的第四個步驟是直接要求你想要的東西。向神祈求、向專家請求、向朋友請求、向任何人請求。

儘管開口說出你的要求，不要害怕，也不要感到羞愧。當你更善於澄清、簡化和提問時，你將會更迅速地得到你想要的東西。

步驟五

把你的未來自我自動化和系統化

「對於任何挑戰，首先要做的就是優化它。把它分解到最小單位、簡化它，並且刪除所有非必要的事情……優化一項任務後，下一步就是盡可能地將它自動化。使用軟體或流程，這樣你就可以不動用人力完成任務——只需設置它並忘記它。最後，把剩下的事情外包給一名通才或一名專才。要注意的是，儘管外包可以為你做很多事情，但是必須放在優化和自動化後面。把低效的任務外包出去對你沒任何幫助，因為它仍是低效的事。盡可能透過優化或自動化來完成工作，只把剩下的工作外包出去。」

——作家艾瑞．梅塞爾（Ari Meisel）[19]

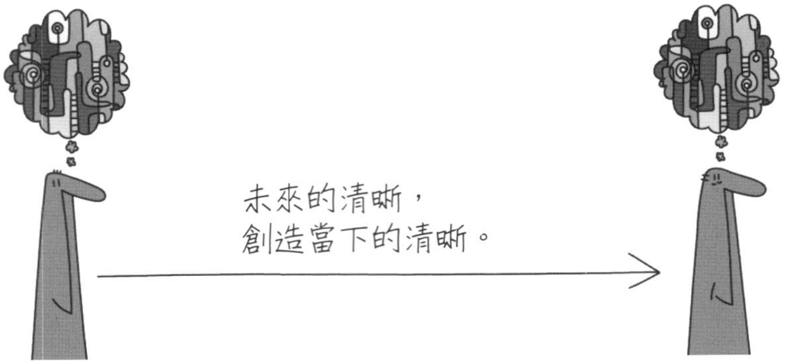

跟財務顧問討論我的目標和目的時，他建議我開始自動投資：每週一從銀行帳戶自動轉一筆錢到投資帳戶，然後隨著時間的推移，逐漸提高轉帳金額。

我的顧問解釋，投資最重要的是連貫性和時間，待在市場上的時間比進場的時機更重要。於是我設定了一個能輕鬆支付的轉帳金額，然後忘了此事。三個月後，當我再次跟財務顧問見面時，他告訴我，自從開始自動投資以來，我的投資帳戶增長了很多。我非常吃驚、也大受鼓舞，於是我提高了轉帳金額，而且每隔一段時間會再提高。

為了更快且更容易地到達理想境界，不妨將未來自我自動化和系統化。採用有效的策略系統可以省下很多心力，讓人保持專注、全力發揮和妥善計畫未來。自動化能確保結果的一致性。

商業策略家艾本・培根（Eben Pagan）把這種做法稱為必然性思維（inevitability thinking）：「你的思考和行動方式，彷彿你正在做的事情已成定局，因為你已經為它的發生設定好條件了。」

不要害怕從小事做起，並根據你的未來自我設計你的自動化系統。系統設計意味著你要盡可能讓一些例行公事毫無摩擦阻力地自動進行，以實現你的目標。至於你不想產生的結果，就施加一些摩擦阻力或設置障礙。想想你可以在哪裡做出改變來持續創造出想要的效果？例如：刪除手機上的社群媒體應用程式，你就可輕鬆避免自己無意識地狂滑手機，減少浪費寶貴的時間。

不過在此之前，首先你要明確和簡化目標，如此一來才能設計出一個厲害的系統。正如管理學大師彼得．杜拉克（Peter Drucker）所說：「再也沒有什麼比用極高的效率去做一些根本不該做的事情更無用了。」

效能（effectiveness）是做正確的事情，而效率（efficiency）則是以正確的方式做事，效能永遠優先於效率。系統設計是把任務自動化和外包，好讓你獲得想要的結果。它使你有餘裕把注意力和精力放在想專注的地方，同時減輕你的身心負荷。

丹．蘇利文與我合寫的《成功者的互利方程式》中說到，如果想實現更大的目標，你必須找到「對的人」來處理大部分「如何做」的問題。如果你試圖一人攬下所有工作，你會被太多事務纏身而難以聚精會神。

找到「對的人」來處理重要的任務是系統設計的成功關鍵。例如：我讓助手巧西幫我把關和過濾許多日常事務；我給了明確的標準，讓她知道我對哪些機會感興趣，以及可以把哪些事情列入我的日程。她每週都會收到幾十次邀我訪談的請求，而細節我全然不知，我每週會和巧西開會一次，只討論她認為對我有機會的事情。

系統設計其實是一種反覆試錯，所以完善系統需要一些時間。一開始巧西會提出一些我不想要的機會或令人失望訪談。但隨著我對未來自我的展望愈來愈清晰且投入，我們打造了一個更好的過濾系統。在這個持續的過程中，耐心和實踐是關鍵。

在著作《只想買條牛仔褲》（*The Paradox of Choice*）中，心理學家貝瑞．史瓦茲（Barry Schwartz）指出，擁有更多的選擇只會導致決策疲勞，最終做出令人遺憾的決定。[20] 決策的基本面向是高興地接受機會成本。一旦你釐清和簡化了未來自我，你就不會再陷入決策疲勞、分心，也不被次要目標拉著走；你能把時間和注意力集中在對你最有利的用途上，也就是你的三大優先要務。

策略性或選擇性無知很重要，對外界發生的事情愈不知不覺很重要。正如作家約翰．麥斯威爾（John Maxwell）所說：「你不能高估每件事的重要程度。」[21]

只要沒被列入「三大」優先要務的事，幾乎都不重要。對於你的未來自我和你的「三大」優先要務來說，其他所有事情都算是次要目標，只會分散你的注意力。小小的分心或傳訊息，都有可能影響或改變你的整個人生。蝴蝶效應（*The Butterfly Effect*）是一個經濟學原理，指出微小且不易察覺的影響，有可能產生複合效應，大幅改變整個系統。

一九九五年美國黃石國家公園再度引進狼群即為一例。原因起於過去七十年來鹿群數量在沒有捕食者的環境下大量繁衍，過多的鹿吃光了園區內的所有植披，儘管人類試圖控制鹿群數量，始終成效不彰。

引入少量狼群後，確實捕食了一些鹿，但更重要的是，鹿群避開了公園容易被捕食的地區，特別是山谷和峽谷，使這些地區重獲生機。某些地區的樹木增長了五倍，原本荒蕪的山谷很快形成遍布楊樹、柳樹和木棉樹的森林。隨著樹木的增加，鳥類開始築巢，海狸的數量也急劇增加，而海狸推倒樹木建造水壩的行為，為水獺、鴨子、魚和爬行動物創造了棲息地。熊的數量也增加了，因為樹葉裡有豐富的漿果。由於狼會捕殺土狼，老鼠和兔子的數量隨之增加，然後又滋養了老鷹、黃鼠狼、狐狸和獾。最迷人的是，整座黃石公園裡的河流變得更筆直分明。由於再生的林木穩固而強化了河岸，河道變窄且形成了水池。狼不僅改變了黃石公園的生態系統，還改變了地貌結構。

微小的變化可以在整個系統中產生非線性、不可預測的轉變，這就是為什麼你的未來自我會跟你的預期有很大出入。這也是為什麼系統思維和系統設計的功能如此強大。要是你不知不覺，有可能讓某種肉眼看不見的微小病毒，迅速蔓延並接管系統。相反地，你可以改變系統、阻止輸入，並且設計讓他人自動複合出你想要的結果。

將小小的變化引進你的系統中，有可能產生戲劇性的效果。想要產生心流與獲得高績效，你必須完善你的系統、將你期望的結果自動化，並阻止噪音和決策疲勞的產生。值得注意的是，即使是最棒的系統也會很快過時。隨著你的進步和成長，你的目標和處境也會發生變化。隨著你的視野擴大、更多投入產生更好的結果，你的系統也會日益改善。

成為你的未來自我的第五個步驟是，把未來自我自動化和系統化。所以請問問自己：

- 如何把期望中的未來自我更好地系統化？
- 你的生活中可以簡化和消除什麼，讓你不再陷入決策疲勞和次要目標？
- 你可以創建哪些屏障和篩檢程序，來保護你的時間和注意力？
- 你可以把哪些事情自動化，例如：每週的投資策略？
- 你能否找到一個對的人幫你處理不屬於你「天才區」的事情？[22]

步驟六

妥善安排你的未來自我

「對我來說，『忙碌』意味著此人對自己的生活失去了控制。」

——心理學家德瑞克·席佛斯[23]

你的身分驅動行為

你認為自己是什麼樣的人，
決定了你要做什麼。

你的日程表反映出你的優先要務；你的日程表反映出你全心全意投入的事情。大多數人的日程表都被緊急的戰鬥和次要目標所支配，例如：網路視訊會議。很少有人的日程表會優先考慮能夠反映未來自我而非當下自我的任務。

多年來我的日程表都是被要約和會議所支配，其中大部分都是次要目標和令人分心的事情，它們確實緊急、卻不重要。我寫了幾百篇部落格文章和幾本書，但沒有一本書是討論我的日程表。雖然我宣稱寫作是我的首要目標和優先要務，但我的日程表反映的卻不是這麼回事，因為這項任務總是被我擠到最不重要的邊緣地帶。

成為未來自我的第六個步驟是妥善安排你的未來自我。如果做對了，不僅可以將生產力提高十倍甚至是百倍，更重要的是，還能讓你控制自己的時間，而不是整天被日程表追著跑。在《成功者的互利方程式》中，丹．蘇利文和我討論了他的四種自由：

1 時間的自由；
2 財富的自由；
3 人際圈的自由；
4 目標的自由。[24]

時間規畫是反映承諾最清晰的指標，因為你無法隱藏自己如何運用時間。

想要提升你在金錢、人際圈和目標的自由，首先必須擁有時間的自由。想要擁有時間自由，就要掌握你的日程表。優先去做最重要的事情，然後消除不重要的事情。你愈能掌控自己的時間和注意力，實現未來自我就愈簡單。相反地，如果你的時間不斷被次要目標和其他人的盤算所占據，那麼你所期望的未來自我就會受挫。

運用時間的基本方式有兩種：要麼是你無法控制的外部事物，要麼是你能完全控制的內部事物。在《跳脫極限》（*The Big Leap*）一書中，心理學家蓋伊・漢德瑞克（Gay Hendricks）分別將這兩種模式解釋為牛頓時間與愛因斯坦時間：

> 愛因斯坦時間假設你就是時間的來源，你可以隨心所欲地製造它；牛頓時間則假設時間是稀缺資源，導致我們內心有一股不舒服的緊迫感，而且我們認為，「外在」的事物導致了「內在」的感覺。[25]

能量學大師喬・迪斯本札解釋說：「牛頓物理學相信因果關係，而愛因斯坦物理學則是相信創造因果關係。當你在創造結果時，現實的量子場就會對你的思想、能量和行動做出反應。」當你意識到你不是結果，而是結果的原因時，你就會增加對過去、現在和未來的自我的所有權。你願意對自己的時間享有多少所有權？你對次要目標說「不」的次數愈多，你會愈投入於創造自己想要的人生和結果。

最近我非常認真地看待這些想法，套句柯維的話來說，我決定「先把大鵝卵石放進去。」我決定把週三、週六和週日空出來，訂為我的不工作日。每週三天，一年約一百五十天，只用於家庭和非工作活動。「**從心理上脫離工作**」是職業心理學中一個仍在不斷發展的概念，結果顯示，暫時放下日常生活中的責任和義務很重要。如果你總是在工作，總是隨傳隨到，從來不曾讓身心靈充飽電，那麼想要產生心流、發揮創造力和創造高績效根本是無稽之談。[26][27]

原本我的兩大工作目標是寫出更多更優質著作，以及製作多支YouTube影片。直到最近，我認為自己在這兩件事情上沒有想像中的那麼成功，於是我決定把二者列入工作日的第一要務。週一和週二是我寫作和拍攝影片的時間，這兩天完全不安排任何會議。我把所有的會議，包括：教練電話通聯、播客或是與相關人士的電話會議，全部集中安排在週四和週五上午十一點以後。

讓你的日程表反映出你的未來自我，這是相當重要的步驟，卻很少有人能完全做到。

要杜絕所有的次要目標並不容易，它們永遠不會消失。大多數成功人士依舊會落入「被時間管理」的陷阱，而非擁有和創造他們的時間。

隨著我提升自己的時間所有權，我變得極不願意浪費時間在次要目標上，哪怕只是幾分鐘都不行。一個月前我會說「好」的事情，今天絕對不再答應；我從日程表中刪除的事項愈來愈多，同時要求巧西收緊她的放行標準。

你不需要助理來做這件事。你也不必是個人創業者。時間自由從你打定主意後開始，而且你會愈做愈好。你是否願意優先處理重要而非急迫的事情？你是全心投入當下自我還是未來自我？你的行動是被短期的急迫戰鬥所驅使，還是你現在就抬高目光望向你的未來自我？

掌握自己的時間無疑需要勇氣和堅持。忙碌有可能是你的舒適區，儘管你明知道這些事情做了也無效益。忙碌的生活和困在次要目標中讓你免於面對未來自我的真相。史蒂芬．普雷斯菲爾德（Steven Pressfield）將此稱為抗拒（resistance），他在《藝術的戰爭》一書中指出：

> 拖延是抗拒最常見的表現形式，因為它最容易被合理化。我們不會對自己

說：「我永遠不會創作交響樂。」相反地，我們會說：「我會創作交響樂，只不過我打算明天再開始寫。」……對我們的靈魂進化愈重要的召喚或行動，我們追求它時感受到的抗拒就愈大。[28]

一旦你全心投入你的未來自我，你就必須展現非凡的勇氣。選擇自由而非安全就是一種勇敢的行為。這麼做有風險嗎？

當然有。

每次你選擇未來自我而非當下自我就有風險了。但是現在就成為未來自我，並且做未來自我會做的事，你創造出來的結果，將超越以前所做的任何事情。沒錯，刻意練習確實會帶來失敗。沒錯，上競技場戰鬥確實有可能令你傷痕累累。但是以未來自我的身分失敗，好過以當下自我的身分成功。

你的日程表反映的是未來的你還是現在的你？你的日程安排有配合你的優先要務嗎？再次引述吉姆．柯林斯的話：「如果你的優先要務超過三個，有等於沒有。」[29]待你確定你的三個優先要務後，就趕快實現它們吧。

謹記：妥善安排時間；做時間的主人。

步驟七

積極完成不完美的工作

「如果你打算一生只做幾件事，然後你有個達成目標的十年計畫，你應該問：『為什麼你不能在六個月內做到？』」

——創業家彼得・提爾[30]

「經常出貨。糟糕的東西也出貨，出貨就對了。不斷出貨。跳過會議。頻繁地做。跳過它們而不受懲罰。出貨吧。」

——賽斯・高汀[31]

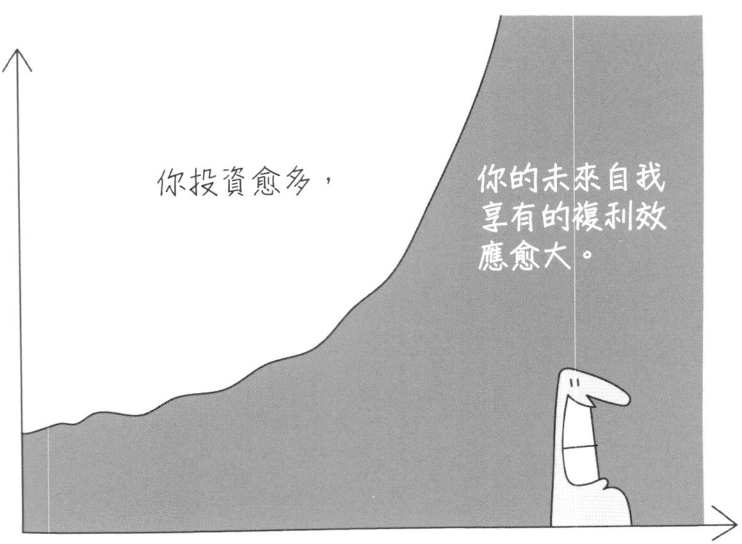
你投資愈多，
你的未來自我
享有的複利效
應愈大。

賽斯・高汀是二十一世紀最多產、最有創意的商業思想家之一。他在一九九九年出版《願者上鉤》（*Permission Marketing*）中，提出一個革命性且人性化的概念，重點是讓人們允許你向他們推銷，而不是強行用你的銷售手法，咄咄逼人地干擾人們的生活。[32]

接著，高汀在二〇〇三年出版《紫牛》（*Purple Cow*）一書，大膽地邀請人們別再用無聊的方式製造和行銷你的產品。若你能成為一頭紫色的牛，為什麼還要當一頭棕色的牛？不過大膽和與眾不同的做法有其風險。他指出：

如果你很引人注目，很可能有些人不喜歡你，這也是引人注目的一部分定義。沒有人能夠得到眾人的一致讚美，從來沒有。膽小的人最希望默默無聞。樹大招風、人紅是非多。[33]

高汀還利用新書發表會親自示範「紫牛」的概念：讀者只需支付運費和處理費，即可收到他自費出版、包裝在牛奶盒裡的首刷新書。這本封面有著乳牛紫、白色塊的書，在發行的頭兩年一共再版了二十三次、共售出十五萬冊。

高汀在二〇〇七年出版了《低谷》（*The Dip*）一書，說明如何成為世界上厲害的人，以及為什麼大家都嚴重低估其重要性。[34] 要成為最厲害的人，你必須懂得何時該堅持、何時該放棄。高汀指出：

> 有時我們因灰心喪志而求助激勵人心的文章，像是文斯．隆巴迪（Vince Lombardi）的文章：『放棄的人永遠不會贏，贏家永遠不會放棄。』但是這建議很糟糕，贏家也會放棄，只不過他們是在正確的時間放棄正確的東西。
>
> 捨棄你的次要目標，捨棄任何不能讓你更接近山頂的事物。不要因為以前的你曾經投資某件事而繼續堅持下去。凡是你的未來自我不會做的事，一概捨棄。〔附帶說明：《低谷》中創意十足的漫畫或梗圖，是由《一張名片創意工作術》（*Ignore Everyone*）的作者兼Gapingvoid.com漫畫部落客休．麥克李奧（Hugh MacLeod）所創作。休和Gapingvoid團隊也幫本書繪製了六十多張獨具特色的插圖。〕

高汀在二〇〇八年出版《部落：一呼百應的力量》（*Tribes*）更是一本領導力宣言。在二〇一〇年出版了《夠關鍵，公司就不能沒有你》（*Linchpin*），教會大家如何成為工作中不可取代的人。[35] 高汀在該書中介紹了他的出貨概念（shipping）——其靈感來自於賈伯斯的名言「能準時出貨才是真正的藝術家」（*Real Artists ship*）。對高汀來說，出貨的意義是：

開始的唯一目的是完成，雖然我們所做的專案從未真正完成，但是商品必須出貨。出貨意味著在你的部落格點擊發布按鈕、向銷售團隊做簡報、接聽來電、販賣瑪芬糕點、寄出你的推薦信。出貨是你的工作與外部世界的碰撞。

始終如一地出貨能讓你做出最棒的作品，出貨使你繼續前進，高汀指出：

出貨的焦點並非產出傑作（但所有的傑作都會被出貨）。我已經寫了一百多本書（大部分都賣得不太好），要是我沒有持續寫作，就不會有機會寫這本書了。畢卡索畫了一千多幅畫，你搞不好只能叫出其中三幅作品名。

我在本書中提到的只是高汀最受歡迎的幾本傑作，他真正出版了二十多本書，仍舊每天更新部落格，發表的文章多達數千篇，高汀每天都在出貨。

要出貨就必須完成，完成比完美更重要。達文西說過：「藝術永遠不會完成，只會被拋棄。」為了完成，你釋出不完美的作品；你把你的藝術送入世界，加以行銷，然後出更多貨。高汀指出：

有時出貨感覺像是一種妥協，剛開始的時候你想有番作為，你傾盡全力想創造出有價值的藝術，完成你最棒的作品。可是最後期限到了，你不得不提前收工。出貨有那麼重要嗎？我認為確實重要，在成為無可取代之人的漫漫長路上，準時出貨的紀律必不可少。

高汀的故事和想法把我們帶到了成為未來自我的第七個步驟，同時也是最後一步：**積極地完成**。完成專案、完成目標和目的；即便不完美也要完成、持續的完成；完成專案的品質絕對會愈來愈好。

要成為你的未來自我，你不能一直待在競技場外，你必須擺脫分析癱瘓，實際進入競技場，要出貨。不論你的處境為何，你的當下自我極其有限和無知。現在你能創造的最佳作品，跟未來的你相比，根本是小巫見大巫，你的未來自我給了你生產的許可。

你所生產的任何東西都不會完美的，因為你生產的一切，都來自於你在此時此刻擁有的視角。我三年前寫的書，不會是我今天要寫的書，如果你在我寫完這本書的幾年後與我交談，你的談話對象會是一位截然不同的班傑明·哈迪。我的未來自我跟當下自我是不同的人。

你的情況也是如此。出貨是你到達未來自我的方式，拘泥於你以前的工作或你以前的觀點只會陷入困境。這裡引述亞當·格蘭特（Adam Grant）在《逆思維》（*Think Again*）一書中所說的話：

> 想要解鎖做錯事的喜悅，我們必須脫離（detach）。我發現有兩種脫離特別有用：將你的現在與你的過去脫離，將你的觀點與你的身分脫離。過去的我是『事實先生』——太執著於知道。但是現在的我對於找出自己不知道的事物更感興趣。橋水公司的創辦人瑞·達利歐跟我說，如果你不回顧自己，並認為『哇，一年前的我真蠢』，那麼你在過去的一年中一定沒有學到什麼。[36]

儘管我不認同達利歐的語氣，但我認同格蘭特和達利歐的觀點：貶低或不尊重你的過去、現在或未來的自己毫無意義。以前的你跟現在的你相比，不論是眼界還是經驗都略遜一籌。相對於未來的你，現在的你受到極大的限制。明白這個道理後，你將從當下自我必須完美中獲得解放。

持續完成有兩個基本原則，持續把這兩個原則應用於「先苦後甘型投資」，你的未來自我將獲得指數級的成長。

1 **帕金森定律（Parkinson's Law）**：你給的空間有多大，工作就有多大；如果你給自己三年的時間來完成一件事，那麼完成它就需要三年的時間。要是你只給自己三個月的時間完成目標，說不定你能找到一條達標的途徑。

2 **八〇%原則**：完成好過完美。丹・蘇利文指出：「追求一〇〇%還在思考時，追求八〇%已得到結果。」

完美主義會導致拖延，但「追求八〇%早就得到結果了。」當年把太空人送上月球的技術和科學，無法跟現今的科技發展相提並論。但是我們不斷創新，直到擁有能讓人類登上月球的工具，儘管現在我們早就不再使用當年登月的載具了。

多產好過完美。你愈把完成當做一種生活方式，你愈能成為你的未來自我。對現在的你來說，光做到八成就已經完勝以前的你。而未來的你光做到八成，也將完勝現在的你。信心來自於完成，完成需要全心全意的投入。

任何人都可以開始，但很少有人能完成。你往前走得愈遠，競爭就愈小。大多數人會屈就於次要目標，老早就放棄了。當你朝未來自我多邁出一步，都會增長你的所見所聞，然後你完成的每件事都會有所學習，讓你能運用在下一個目標上。

努力成為「完成」且準時「出貨」的大師。如果你做不到，那麼你的未來自我只會是想法，而不會成為既定事實。

結論：成為未來自我的步驟

不論你決定要聚焦於哪個方向，你的未來自我都會獲得複利效應。

你的未來自我愈簡單、清晰，現在的你就能愈專注。

我們在本書的第三部分探討了成為未來自我的七大步驟，這些步驟能釐清你的未來自我、確立優先要務，並幫助你成為你所期望的未來自我。

這些步驟相當簡單明瞭，但需要你持續努力使其更趨完善。

當你應用了這些步驟，你的人生將迅速改變。每一天都會活得更認真且投入。你會剷除次要目標，你會對未來自我抱持更明確的態度。

你會益發知道你想要的東西屬於你。你的人生系統將發生變化，讓你能夠以更輕鬆和流暢的方式，創造出令人驚嘆的結果。你的日程表也將發生變化，它會如實反映出你的優先要務而非次要目標。你會變得更有生產力和多產，創造出愈來愈好的作品。

歡迎各位上 FUTURESELF.COM 獲得更多本書相關資訊。

總結

現在就開始成為你的未來自我

「自由源於勇敢。」

——美國詩人羅伯・佛斯特（Robert Frost）[1]

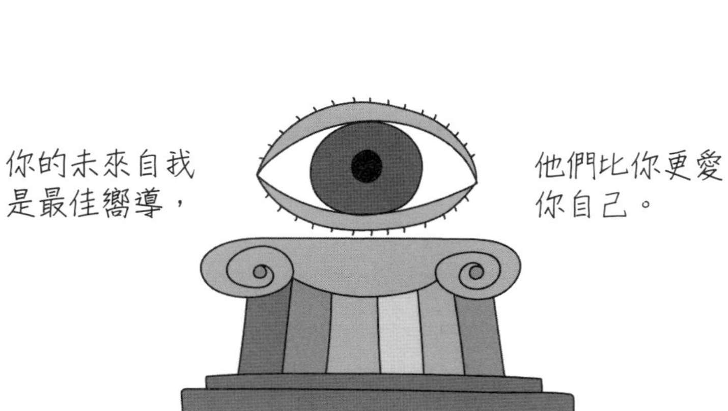
你的未來自我
是最佳嚮導，
他們比你更愛
你自己。

我跟蘿倫在二〇一二年九月一日結婚，屆滿一週年的那天，我倆做了一個時間膠囊，記錄下我們想像中結婚十年後的樣子。

我們分別給自己的未來自我寫了封信，然後拍攝一段影片，說說我們認為那時的生活會是什麼樣子。我們把信和影片檔放進玻璃罐，之後就一直放在客廳的架子上等待著十年後的我們。

我寫下這段文字的時間是二〇二二年一月十三日，再過七個多月我們就要打開時間膠囊，看看當年我們寫了和說了什麼。在打開罐子之前，我充滿了幹勁，希望能拼出一番成績，因為我知道等待的日期很快來臨。我渴望看到現實的我們跟九年前的預測有多接近，以及我們的生活跟預想中的有多不同。

九年前蘿倫和我剛從大學畢業，一起住在她父母家的地下室。我向十五所學校申請攻讀博士學位，不幸地全軍覆沒，當時未來充滿不確定感。雖然我想成為作家，但是恐怕無法在未來三年內實現。

當時我們還沒生孩子，我的工作又沒著落，也沒打算創業。我們完全沒想到，日後會從寄養系統中收養三名孩子，然後又擁有三名親生孩子。我們也不知道我的寫作生涯會像現在這樣飛速發展。

我忘了我們在時間膠囊裡說了什麼，但我確信我們共同創造的生活遠遠超出想像。在本書的開頭，我分享了超級網紅吉米．唐納森的故事，以及他拍攝的四支「致未來自我系列」影片。他分別為半年後、一年後、五年後，以及十年後的未來自我拍攝時間膠囊影片。

他的「致五年後的我」影片於二〇二〇年在他的 YouTube 頻道上發表，年輕的吉米夢想著這支影片播出時，他能擁有一百萬訂閱量，殊不知這時他的訂閱量早已超過四千四百萬了，他的表現遠遠超出當時的理想。

在我們相聚時光即將結束之際，我想提出最後一次邀請：我想請各位在接下來的二十四小時內，給自己一個空間，為你的未來自我製作某種形式的時間膠囊。你可以像吉米一樣拍攝一段影片，並設定在未來某個日期回顧。你也可以像蘿倫和我一樣，寫封信給自己，然後放進罐子裡並擺在架子上。

你要採取什麼樣的模式並非重點。例如：我朋友老李會在每年的元旦，以一年後自己的身分發言，拍攝一段簡短的影片。一年後的老李會說：「老李，如果你看到這個畫面，就表示你又過了一年啦。」然後未來的老李會列出這一年中所有即將發生的事情，待一年後觀看年初拍的這支影片時，自己的生活是否像年初時說的那樣，看完後他會接著再拍攝未來一年的新影片。

你可以一口氣創作好幾個時間膠囊，例如：半年後、一年後、三年後、五年後、十年後、二十年後。這些時間膠囊將成為你「現在就成為未來自我」的最佳行動號召。今天就按照你選定的時間框架製作時間膠囊吧，提出一個清晰又大膽的願景，利用書中學到的原則，跟你的未來自我建立連結，當你有個清楚的未來自我後，再確定你的三大優先要務。

謹記：儘管你自以為料事如神，但是未來自我仍然可能跟你的預期落差很大。生活教會你的事，有可能比你預期的還多，這將使你的未來自我比現在的自己更有智慧。

完成你的時間膠囊後，現在就開始成為你的未來自我吧：

成為（being）是做到（doing）的第一步。

只做你的未來自我會做的事。

知道你想要的東西已屬於你。

一〇〇％投入你所期望的未來自我。

劃除次要目標。

把途中的每一次經歷都變成你的收穫。

敬你的未來自我一杯。

恭喜你投資自己讀了這本書。
現在就成為你的未來自我吧。

謝辭

我在撰寫《我的性格，我決定》一書時，與未來自我這門科學不期而遇。當時我立刻深受吸引，並知道有一天我會為這個主題寫一本書。那已經是近三年前的往事了，從那時起，「未來自我」的概念便占據我的大部分思緒。

所以，我首先要感謝在這門振奮人心的嶄新科學領域中從事研究的相關人員和學者，尤其是馬汀．塞利格曼（Marty Seligman）、羅伊．鮑梅斯特、丹尼爾．吉伯特、哈爾．賀斯菲爾德，以及安德斯．艾瑞克森。

非常感謝賀氏書屋（Hay House），感謝你們相信我和本書的主題。還要特別感謝瑞德．特雷西（Reid Tracy）、派蒂．吉福特（Patty Gift）以及梅洛迪．蓋伊（Melody Guy），感謝你們相信這項專案，感謝你們的耐心，因為我一次又一次錯過了截稿期。感謝你們投資我及我的未來自我。

感謝塔克．馬克斯（Tucker Max）在過去十八個月裡，針對這本書與我進行無數次的溝通，感謝你幫我釐清想法，感謝你幫助我建立這個概念的重要信念。感謝你挑戰我，讓我現在就成為我的未來自我。

感謝喬・波力士（Joe Polish）幫我牽線，讓我得以認識特雷西和馬克斯！

感謝我的妻子蘿倫和我的母親蘇珊・奈特，她們和我一起審閱了這本書的所有草稿，釐清我的想法和寫作方向。沒有妳們的幫助，這本書將會一團糟。

感謝佩吉蘇・威爾斯（PeggySue Wells），在完稿前的最後一週加入這項專案，協助潤飾手稿，你細緻且重要的調整，讓本書的內容變得更好閱讀、行文更俐落。

感謝我的團隊，特別是雀爾喜・詹肯（Chelsea Jenkins）和娜塔莎・薛夫曼（Natasha Schiffman），在我花了幾個月時間專注於本書時，她們讓我的事業蓬勃發展。感謝妳們成為團隊的一員，感謝妳們熱愛我們的工作。還要感謝梅根・哈曼（Meagan Harman）、珍妮莎・卡特森（Jenessa Catterson）、亞歷斯・旺森（Alexis Swanson）、卡拉・艾維（Kara Avey）、奇拉・米奇（Kira Micham），以及凱特琳・查德威（Katelyn Chadwick）。

對於每一位曾經讀過我的部落格文章、上過我的線上課程、成為我的ＡＭＰ社團成員的人，感謝你們信任我的作品。我的目的是幫助大家釐清自己的想法，並成為最棒的未來自我。

感謝我的家人，特別是蘿倫和我的孩子們，感謝你們對我的愛和支持。感謝你們做出的犧牲和投資，讓我能夠寫出這些書。我非常愛你們，你們是我生命中的第一優先，我迫不及待地要跟你們一起創造我們的未來自我。

感謝神，賜給我一個不可思議的人生。感謝祢投資我和我的未來自我。感謝祢的恩典和禮物。我知道，我的未來自我將與祢有更多連結。

資料來源

前言

1 Goddard, N. (2015). *The Power of Unlimited Imagination: A Collection of Neville's San Francisco Lectures*. Devorss & Co.

2 MrBeast. (2016). *Dear Future Me (Scheduled Uploaded 6 Months Ago)*. MrBeast YouTube Channel. Accessed on August 13, 2021 at https://www.youtube.com/watch?v=fG1N5kzeAhM

3 MrBeast. (2016). *BEST INTROS ON YOUTUBE #1*. MrBeast YouTube Channel. Accessed on August 13, 2021 at https://www.youtube.com/watch?v=tqO3_AKC5Ks

4 MrBeast. (2016). *CUTTING TABLE IN HALF WITH PLASTIC KNIVES*. MrBeast YouTube Channel. Accessed on August 13, 2021 at https://www.youtube.com/watch?v=tqO3_AKC5Ks

5 MrBeast. (2016). *100 LAYERS OF SARAN WRAP + TOILET PAPER!!*. MrBeast YouTube Channel. Accessed on August 13, 2021 at https://www.youtube.com/watch?v=bqpKlkPpT10

6 MrBeast. (2016). *IF ONLINE ADS WERE REAL*. MrBeast YouTube Channel. Accessed on August 13, 2021 at https://www.youtube.com/watch?v=NEDPgQYhbqs

7 MrBeast. (2017). *I Counted To 100,000!* MrBeast YouTube Channel. Accessed on August 13, 2021 at https://www.youtube.com/watch?v=xWcldHxHFpo

8 MrBeast. (2017). *Counting To 200,000 (Road To A Mil)*. MrBeast YouTube Channel. Accessed on August 13, 2021 at https://www.youtube.com/watch?v=9CVwXBYVqVk

9 MrBeast. (2017). *Counting To 300,000 Road To A Mil (Part 1)*. MrBeast YouTube Channel. Accessed on August 13, 2021 at https://www.youtube.com/watch?v=0SNiEDWRnEQ

10. MrBeast. (2017). *Saying Logan Paul 100,000 Times*. MrBeast YouTube Channel. Accessed on August 13, 2021 at https://www.youtube.com/watch?v=_FX6rml2Yjs

11. MrBeast. (2017). *Giving A Random Homeless Man $10,000*. MrBeast YouTube Channel. Accessed on August 13, 2021 at https://www.youtube.com/watch?v=N_GMakKf7G4

12. MrBeast. (2017). *Giving Homeless People $1,000 (Not Clickbait)*. MrBeast YouTube Channel. Accessed on August 13, 2021 at https://www.youtube.com/watch?v=4KVmSG6KS2k

13. MrBeast. (2017). *Donating $10,000 To Random Twitch Streamers*. MrBeast YouTube Channel. Accessed on August 13, 2021 at https://www.youtube.com/watch?v=kupaqq-xJ_8

14. MrBeast. (2017). *Tipping Pizza Delivery Guys $10,000*. MrBeast YouTube Channel. Accessed on August 13, 2021 at https://www.youtube.com/watch?v=uotb9ZHnI2g

15. MrBeast. (2017). *Tipping Uber Drivers $10,000*. MrBeast YouTube Channel. Accessed on August 13, 2021 at https://www.youtube.com/watch?v=zAAXW7ySu1k

16. MrBeast. (2017). *How Many Balloons Does It Take To Float*? MrBeast YouTube Channel. Accessed on August 13, 2021 at https://www.youtube.com/watch?v=8bYzXI7bb8k8bYzXI7bb8k

17. MrBeast. (2018). *I Bought One Snickers Bar From Every Walmart*. MrBeast YouTube Channel. Accessed on August 13, 2021 at https://www.youtube.com/watch?v=sirrTXiPFmw

18. MrBeast. (2018). *I Bought One Snickers Bar From Every Walmart*. MrBeast YouTube Channel. Accessed on August 13, 2021 at https://www.youtube.com/watch?v=nLpqZEAFnkE

19. MrBeast. (2018). *Giving 3,000,000 Pennies To My 3,000,000th Subscriber*. MrBeast YouTube Channel. Accessed on August 13, 2021 at https://www.youtube.com/watch?v=Pe3pGsCeYXg

20. Seligman, M. E., Railton, P., Baumeister, R. F., & Sripada, C. (2013). Navigating into the future or driven by the past. *Perspectives on Psychological Science*, 8(2), 119–141.

21. Baer, J., Kaufman, J. C., & Baumeister, R. F. (Eds.). (2008). *Are We Free? Psychology and Free Will*. Oxford University Press.

22. Slife, B. D., & Fisher, A. M. (2000). Modern and postmodern approaches to the free will/determinism dilemma in psychotherapy. *Journal of Humanistic Psychology*, 40(1), 80–107.

23. Slife, B. (2002). Time, information, and determinism in psychology. *Between Chance and Choice: Interdisciplinary Perspectives on Determinism*, 469–83.

24. Richardson, F., & Bishop, R. (2002). *Rethinking determinism in social science. Between Chance and Choice: Interdisciplinary Perspectives on Determinism*, 425–45.

25. Seligman, M. E., Railton, P., Baumeister, R. F., & Sripada, C. (2013). Navigating into the future or driven by the past. *Perspectives on Psychological Science*, 8(2), 119–141.

26. Seligman, M. E., Railton, P., Baumeister, R. F., & Sripada, C. (2016). *Homo prospectus*. Oxford University Press.

27. Gilbert, D. T., & Wilson, T. D. (2007). Prospection: Experiencing the future. *Science*, 317(5843), 1351–1354.

28. Rosenblueth, A., Wiener, N., & Bigelow, J. (1943). Behavior, purpose and teleology. *Philosophy of Science*, 10(1), 18–24.

29. Coats, E. J., Janoff-Bulman, R., & Alpert, N. (1996). Approach versus avoidance goals: Differences in self-evaluation and well-being. *Personality and Social Psychology Bulletin*, 22(10), 1057–1067.

30. Elliot, A. J., & Friedman, R. (2017). Approach——Avoidance: A Central Characteristic 01 Personal Goals. *In Personal Project Pursuit Goals, Action, and Human Flourishing* (pp. 97–118). Psychology Press.

31. Hawkins, D. R. (2015). *Healing and Recovery*. Hay House.

32. 50 Cent & Greene, R. (2009). *The 50th Law*. Amistad.

33. The Weekend University. (2021). *The Psychology of Your Future Self—— Professor Hal Hershfield*. Accessed on October 4, 2021, at https://www.youtube.com/watch?v=QBdIeC7FYkU

34. Statistica. (2019). *Life expectancy (from birth) in the United States, from 1860 to 2020**. Accessed on October 4, 2021, https://www.statista.com/statistics/1040079/life-expectancy-united-states-all-time/

35. Gilbert, D. (2014). *The psychology of your Future Self*. TED Talk. Retrieved on December 7, 2021, at https://www.ted.com/talks/dan_gilbert_the_psychology_of_your_future_self?language=en

36. Goldstien, D. (2011). *The battle between your present and Future Self*. TED Talk. Retrieved on December 7, 2021, at https:// https://www.ted.com/talks/daniel_goldstein_the_battle_between_your_present_and_future_self?language=en

37. Jay, M. (2021). *Essential questions to ask your Future Self*. TED Talk. Retrieved on December 7, 2021, at https://www.ted.com/talks/meg_jay_essential_questions_to_ask_your_future_self?language=en

38. Da Sliva, A. (2020). *A journey to your Future Self*. TED Talk. Retrieved on December 7, 2021, at https://www.ted.com/talks/alex_da_sliva_a_journey_to_your_future_self

39. Stewart, J. M. (2020). *Guidance from your Future Self*. TED Talk. Retrieved on December 7, 2021, at https://www.ted.com/talks/mark_john_stewart_guidance_from_your_future_self

40. Howard, J. (2019). *Saying hello to your Future Self.* TED Talk. Retrieved on December 7, 2021, at https://www.ted.com/talks/jon_howard_saying_hello_to_your_future_self

41. Hershfield, H. (2014). How can we help our future selves? TEDxEast. Retrieved on December 7, 2021, at https://www.youtube.com/watch?v=tJotBbd7MwQ&t

42. Wilson, D. (2016). *Thinking Forward For Your Future Self: Establishing Your i+1* | Diamond Wilson | TEDxPlano. Retrieved on December 7, 2021, at https://www.youtube.com/watch?v=2_zMc9T4ekA

43. Maciejovsky, B. (2015). *How to make our Present self become our Future Self* | Boris Maciejovsky | TEDxUCR. Retreived on December 7, 2021, at https://www.youtube.com/watch?v=avTD-NyCSUI

44. Mudathir, M. (2020). *Challenge your Future Self* | MATHANI MUDATHIR | TEDxYouth@TWSDubai. Retreived on December 7, 2021, at https://www.youtube.com/watch?v=rTmj34G3K0M

45. Plewa, P. (2020). *How To Step Into Your Future Self* | Pauly Plewa | TEDxMcMasterU. Retrieved on December 7, 2021, at https://www.youtube.com/watch?v=w8AzABQ_2_0

46. Hershfield, H. E., Goldstein, D. G., Sharpe, W. F., Fox, J., Yeykelis, L., Carstensen, L. L., & Bailenson, J. N. (2011). Increasing saving behavior through age-progressed renderings of the Future Self. *Journal of Marketing Research*, 48(SPL), S23-S37.

47. Rutchick, A. M., Slepian, M. L., Reyes, M. O., Pleskus, L. N., & Hershfield, H. E. (2018). Future Self-continuity is associated with improved health and increases exercise behavior. *Journal of Experimental Psychology: Applied*, 24(1), 72.

48. Van Gelder, J. L., Hershfield, H. E., & Nordgren, L. F. (2013). Vividness of the Future Self predicts delinquency. *Psychological Science*, 24(6), 974-980.

49. Van Berkum, J. J. (2010). The brain is a prediction machine that cares about good and bad-any implications for neuropragmatics? *Italian Journal of Linguistics*, 22, 181-208.

50. Den Ouden, H. E., Kok, P., & De Lange, F. P. (2012). How prediction errors shape perception, attention, and motivation. *Frontiers in Psychology*, 3, 548.

51. Long, T. L. (Writer), & Kruse, N. (Director). (2010). “Money Bart” [Television series episode]. In A. Jean, J. Frink, J. L. Brooks, M. Groening, M. Selman, & S. Simon (Producers), *The Simpsons*.

52. Letterman, D. (1994). *Jerry Seinfeld——Night Guy/Morning Guy*. Accessed on October 4, 2021 at https://jerryseinfeldarchives.tumblr.com/post/155428911272/night-guymorning-guy-letterman-1994

53. Hershfield, H. E., Cohen, T. R., & Thompson, L. (2012). Short horizons and tempting situations: Lack of continuity to our future selves leads to unethical decision making and behavior. *Organizational Behavior and Human Decision Processes*, 117 (2), 298–310.

54. Gilbert, D. (2013). *The Psychology of Your Future Self.* Filmed 2014 in Vancouver, BC. TED video, 6:49. Accessed on October 4, 2021, https://www.ted.com/talks/dan_gilbert_the_psychology_of_your_future_self

55. Frankl, V. E. (1985). *Man's Search for Meaning*. Simon & Schuster.

56. Anders Ericsson, K. (2008). Deliberate practice and acquisition of expert performance: a general overview. *Academic Emergency Medicine*, 15(11), 988-994.

57. Ericsson, A., & Pool, R. (2016). *Peak: Secrets from the New Science of Expertise*. Houghton Mifflin Harcourt.

58. Suddendorf, T., Brinums, M., & Imuta, K. (2016). *Shaping One's Future Self: The Development of Deliberate Practice.*

59. Covey, S. R. (2013). *The 7 Habits of Highly Effective People: Powerful Lessons in Personal Change*. Simon & Schuster.

60. Hebrews 11:1. King James Bible.

61. Johnston, W. A., & Dark, V. J. (1986). Selective attention. *Annual Review of Psychology*, 37(1), 43-75.

62. James, W. (1863). *Principles of Psychology*. Dover Publications, Inc.

63. Shinn, F. S. (2009). *The Game of Life and How to Play It*. Penguin.

64. Dethmer, J., Chapman, D., & Klemp, K. (2014). *The 15 Commitments of Conscious Leadership: A New Paradigm for Sustainable Success*. Conscious Leadership Group.

第1篇

1 Godin, S. (2012). *The Icarus Deception: How High Will You Fly*? Penguin.

2 Frankl, V. E. (1985). *Man's Search for Meaning*. Simon & Schuster.

3 Frankl, V. E. (1985). *Man's Search for Meaning*. Simon & Schuster.

4 Arden, P. (2003). *It's Not How Good You Are, It's How Good You Want to Be*. Phaidon Press.

5 Frankl, V. E. (1985). *Man's Search for Meaning*. Simon & Schuster.

6 Baumeister, R. F., & Vohs, K. D. (2002). The pursuit of meaningfulness in life. Handbook of Positive Psychology, 1, 608–618.

7 Proverbs 29:18. King James Bible. 8. Duckworth, A. (2016). Grit: The Power of Passion and Perseverance. New York, NY: Scribner.

8 Duckworth, A. (2016). Grit: *The Power of Passion and Perseverance*. NewYork, NY: Scribner.

9 Reichard, R. J., Avey, J. B., Lopez, S., & Dollwet, M. (2013). Having the will and finding the way: A review and meta-analysis of hope at work. *The Journal of Positive Psychology*, 8(4), 292–304.

10. Tong, E. M., Fredrickson, B. L., Chang, W., & Lim, Z. X. (2010). Reexamining hope: The roles of agency thinking and pathways thinking. *Cognition and Emotion*, 24 (7), 1207–1215.

11. Bryant, F. B., & Cvengros, J. A. (2004). Distinguishing hope and optimism: Two sides of a coin, or two separate coins? *Journal of Social and Clinical Psychology*, 23 (2), 273–302.

12. Fischer, I. C., Cripe, L. D., & Rand, K. L. (2018). Predicting symptoms of anxiety and depression in patients living with advanced cancer: The differential roles of hope and optimism. *Supportive Care in Cancer*, 26(10), 3471–3477.

13. Fowler, D. R., Weber, E. N., Klappa, S. P., & Miller, S. A. (2017). Replicating future orientation: Investigating the constructs of hope and optimism and their subscales through replication and expansion. *Personality and Individual Differences*, 116, 22–28.

14. Chang, E. C. (1998). Hope, problem solving ability, and coping in a college student population: Some implications for theory and practice. *Journal of Clinical Psychology*, 54(7), 953–962.

15. Snyder, C. R., LaPointe, A. B., Jeffrey Crowson, J., & Early, S. (1998). Preferences of high- and low-hope people for self-referential input. *Cognition & Emotion*, 12(6), 807–823.

16. Snyder, C. R., Shorey, H. S., Cheavens, J., Pulvers, K. M., Adams III, V. H., & Wiklund, C. (2002). Hope and academic success in college. *Journal of Educational Psychology*, 94(4), 820.

17. Levine, P. A. (1997). *Waking the Tiger: Healing Trauma: The Innate Capacity to Transform Overwhelming Experiences*. North Atlantic Books.

18. Livingston, G. (2009). *Too Soon Old, Too Late Smart: Thirty True Things You Need to Know Now*. Da Capo Lifelong Books.

19. Faulkner, W. (2011). Requiem for a Nun. Vintage.

20. Slife, B. D. (1993). *Time and Psychological Explanation: The Spectacle of Spain's Tourist Boom and the Reinvention of Difference.* SUNY Press.

21. Tedeschi, R. G., Shakespeare-Finch, J., Taku, K., & Calhoun, L. G. (2018). *Posttraumatic Growth: Theory, Research, and Applications*. Routledge.

22. Sullivan, D. & Hardy, B. (2021). *The Gap and the Gain: The High Achievers' Guide to Confidence, Happiness, and Success*. Hay House Business.

23. Rosenthal, R., & Jacobson, L. (1968). Pygmalion in the classroom. *The Urban Review*, 3(1), 16–20.

24. Boyd, R., & MacNeill, N. (2020). How Teachers' Self-Fulfilling Prophecies, Known as the Pygmalion Effect, Influence Students' Success. *Education Today*, 24.

25. Szumski, G., & Karwowski, M. (2019). Exploring the Pygmalion effect: The role of teacher expectations, academic self-concept, and class context in students' math achievement. *Contemporary Educational Psychology*, 59, 101787.

26. Berger, J. (2016). *Invisible Influence: The Hidden Forces That Shape Behavior*. Simon & Schuster.

27. Bornstein, R. F., & D'agostino, P. R. (1992). Stimulus recognition and the mere exposure effect. *Journal of Personality and Social Psychology*, 63(4), 545.

28. Fang, X., Singh, S., & Ahluwalia, R. (2007). An examination of different explanations for the mere exposure effect. *Journal of Consumer Research*, 34(1), 97–103.

29. Bornstein, R. F., & Craver-Lemley, C. (2016). Mere exposure effect. In *Cognitive Illusions* (pp. 266–285). Psychology Press.

30. Morgenstern, M., Isensee, B., & Hanewinkel, R. (2013). Seeing and liking cigarette advertisements: is there a 'mere exposure'effect? *European Addiction Research*, 19(1), 42–46.

31. Langer, E. J. (2014). *Mindfulness*. Da Capo Lifelong Books.

32. Goldsmith, M., & Reiter, M. (2015). *Triggers: Creating Behavior That Lasts--Becoming the Person You Want to Be* (Vol. 37, No. 7). Currency.

33. Frankl, V. E. (1985). *Man's Search for Meaning*. Simon & Schuster.

34. Langer, E. J. (2009). *Counterclockwise: Mindful Health and the Power of Possibility*. Ballantine Books.

35. Johnston, W. A., & Dark, V. J. (1986). Selective attention. *Annual Review of Psychology*, 37(1), 43–75.

36. Mack, A. (2003). Inattentional blindness: Looking without seeing. *Current Directions in Psychological Science*, 12(5), 180–184.

37. Duckworth, A. (2016). *Grit: The Power of Passion and Perseverance. Part III: Growing Grit from the Outside In*. New York, NY: Scribner.

38. The Weekend University. (2021). *The Psychology of Your Future Self— Professor Hal Hershfield*. Accessed on October 4, 2021, at https://www.youtube.com/watch?v=QBdIeC7FYkU

39. Blouin Hudon, E. M. C., & Pychyl, T. A. (2017). A mental imagery intervention to increase Future Self continuity and reduce procrastination. *Applied Psychology*, 66(2), 326–352.

40. Van Gelder, J. L., Luciano, E. C., Weulen Kranenbarg, M., & Hershfield, H. E. (2015). Friends with my Future Self: Longitudinal vividness intervention reduces delinquency. *Criminology*, 53(2), 158–179.

41. 50 Cent & Greene, R. (2009). *The 50th Law*. Amistad.

42. Cardone, G. (2011). *The 10X Rule: The Only Difference Between Success and Failure*. John Wiley & Sons.

43. Simons, D. J., & Chabris, C. F. (1999). Gorillas in our midst: Sustained inattentional blindness for dynamic events. *Perception*, 28(9), 1059–1074.

44. Mack, A. (2003). Inattentional blindness: Looking without seeing. *Current Directions in Psychological Science*, 12(5), 180–184.

45. Dyer, W. W. (2010). *The Power of Intention: Learning to Co-Create Your World Your Way*. Hay House, Inc.

46. Arden, P. (2003). *It's Not How Good You Are, It's How Good You Want to Be*. Phaidon Press.

47. Hardy, D. (2011). *The Compound Effect*. Vanguard Press.

48. Rate, C. R., Clarke, J. A., Lindsay, D. R., & Sternberg, R. J. (2007). Implicit theories of courage. *The Journal of Positive Psychology*, 2(2), 80–98.

49. Rate, C. R. (2010). Defining the features of courage: A search for meaning. *The Psychology Of Courage: Modern Research on an Ancient Virtue*, 47, 66.

50. Hawkins, D. R. (2014). Power Vs. Force: The Hidden Determinants of Human Behavior. Hay House, Inc.

51. Walsh, B., Jamison, S., & Walsh, C. (2009). *The Score Takes Care of Itself: My Philosophy of Leadership*. Penguin.

52. Hendricks, G., & Hendricks, G. (2009). *The Big Leap*. HarperCollins.

53. McKeown, G. (2014). *Essentialism: The Disciplined Pursuit of Less*. Currency.

54. Brault, R. (2014). *Round Up The Usual Subjects: Thoughts On Just About Everything.*

55. Hopf, G. M. (2016). *Those Who Remain: A Postapocalyptic Novel (The New World Series Book 7)*. CreateSpace Independent Publishing Platform.

56. Durant, W., & Durant, A. (2012). *The Lessons of History*. Simon & Schuster.

57. Dalio, R. (2021). *Principles for Dealing with the Changing World Order: Why Nations Succeed and Fail*. Simon & Schuster.

58. ames 1:8. King James Bible.

第11篇

1 Frankl, V. E. (1985). *Man's Search for Meaning*. Simon & Schuster.

2 "Greatest robbery of a Government". Guinness World Records. Retrieved December 21, 2021 at https://www.guinnessworldrecords.com/world-records/65607-greatest-robbery-of-a-government

3 Durant, W., & Durant, A. (2012). *The Lessons of History*. Simon & Schuster.

4 Charlton, W., & Hussey, E. (1999). *Aristotle Physics Book VIII (Vol. 3)*. Oxford University Press.

5 Turnbull, R. G. (1958). Aristotle's Debt to the 'Natural Philosophy' of the Phaedo. *Philosophical Quarterly*, 8, 131–143.

6 Scharle, M. (2008). Elemental Teleology in Aristotle's Physics II 8. *Oxford Studies in Ancient Philosophy*, 34, 147–184.

7 Boeri, M. D. (1995). Change and Teleology in Aristotle Physics. *International Philosophical Quarterly*, 34, 87–96.

8 Charles, D. (1991). Teleological Causation in the Physics, in L. Judson (ed.), *Aristotle's Physics: A Collection of Essays*. Oxford: Oxford University Press, 101–128.

9 Charles, D. (2012). Teleological Causation, in C. Shields (ed.), *The Oxford Handbook of Aristotle*. Oxford: Oxford University Press, 227–266.

10. Rosenblueth, A., Wiener, N., & Bigelow, J. (1943). Behavior, purpose and teleology. *Philosophy of Science*, 10(1), 18–24.

11. Thiel, P. A., & Masters, B. (2014). *Zero to One: Notes on Startups, or How to Build the Future*. Currency.

12. Clear, J. (2018). *Atomic Habits: Tiny Changes, Remarkable Results: An Easy & Proven Way to Build Good Habits & Break Bad Ones*. Avery.

13. Howes, L. (2018). *James Clear: Success Habits: The Proven Way to Achieve Your Dreams*. Retrieved on December 30, 2021 at https://lewishowes.com/podcast/the-proven-way-to-achieve-your-dreams-with-james-clear/
14. Clear, J. (2019). 3-2-1: *On systems vs. goals, endings, and the importance of leverage*. Retrieved on January 11, 2022, at https://jamesclear.com/3-2-1/december-31-2020
15. Perttula, A., Kiili, K., Lindstedt, A., & Tuomi, P. (2017). Flow experience in game based learning——a systematic literature review. *International Journal of Serious Games*, 4(1).
16. Csikszentmihalyi, M., Abuhamdeh, S., & Nakamura, J. (2014). *Flow and the Foundations of Positive Psychology*. 227–238. Springer, Dordrecht.
17. Kotler, S. (2014). *The Rise of Superman: Decoding the Science of Ultimate Human Performance*. Houghton Mifflin Harcourt.
18. Frankl, V. E. (1985). *Man's Search for Meaning*. Simon & Schuster.
19. Gilbert, D. (2014). *The Psychology of your Future Self*. TED Talk.
20. Gilbert, D. (2006). *Stumbling Upon Happiness*. Knopf.
21. Gilbert, D. (2014). *The Psychology of your Future Self*. TED Talk.
22. Gilbert, D. (2014). *The Psychology of your Future Self*. TED Talk.
23. Quoidbach, J., Gilbert, D. T., & Wilson, T. D. (2013). The end of history illusion. *Science*, 339(6115), 96–98.
24. Harris, H., & Busseri, M. A. (2019). Is there an 'end of history illusion' for life satisfaction? Evidence from a three-wave longitudinal study. *Journal of Research in Personality*, 83, 103869.
25. Dweck, C. S. (2008). *Mindset: The New Psychology of Success*. Random House Digital, Inc.
26. Einstein, A. (2010). *The Ultimate Quotable Einstein*. Princeton University Press.
27. Olson, J. (2013). *The Slight Edge*. Greenleaf Book Group.
28. Sitzmann, T., & Yeo, G. (2013). A meta analytic investigation of the within person self efficacy domain: Is self efficacy a product of past performance or a driver of future performance? *Personnel Psychology*, 66(3), 531–568.
29. Fogg, BJ (2020). *Tiny Habits: The Small Shanges That Change Everything*. Houghton Mifflin Harcourt.
30. Berk, L. E. (2010). Exploring Lifespan Development (2nd ed.). 314. Pearson Education Inc.

31. Hardy, B. (2016). *Does It Take Courage to Start a Business*?

32. Bodner, R., & Prelec, D. (2003). Self-signaling and diagnostic utility in everyday decision making. *The Psychology of Economic Decisions*, 1(105), 26.

33. Hawkins, D. R. (2014). *Letting Go: The Pathway of Surrender. Hay House*, Inc.

34. Baer, D. (2013). *How Arianna Huffington networks without networking*. Fast Company. Retrieved on June 3, 2021, at https://www.fastcompany.com/3018307/how-arianna-huffington- networks-without-networking

35. Ferriss, T. (2017). *Tools of Titans: The Tactics, Routines, and Habits of Billionaires, Icons, and World-Class Performers*. Houghton Mifflin. 36. Souman, J. L., Frissen, I., Sreenivasa, M. N., & Ernst, M. O. (2009). Walking straight into circles. Current Biology, 19(18), 1538–1542.

36. Souman, J. L., Frissen, I., Sreenivasa, M. N., & Ernst, M. O. (2009).Walking straight into circles. *Current Biology*, 19(18), 1538–1542.

37. Max Plank Institute. (2009). *Walking in circles Scientists from Tübingen show that people really walk in circles when lost*. Max Planck Institute for Biological Cybernetics. Accessed on October 6, 2021 at https://www.mpg.de/596269/pressRelease200908171

38. Max Plank Institute. (2009). *Walking in circles: Scientists from Tübingen show that people really walk in circles when lost*. Max Planck Institute for Biological Cybernetics. Accessed on October 6, 2021 at https://www .mpg.de/596269/pressRelease200908171

39. Horigome, Y. (2019). *Yuto Horigome | Rising Legend of Japanese Skateboarder*. Retrieved on January 10, 2022 at https://www.youtube.com/watch?v=FaGJbRHuiX0&t

40. Horigome, Y. (2021). *Horigome Yuto: His story and the road to the Tokyo 2020 Olympics*. Retreived on January 10, 2022, at https://olympics.com/en/news/horigome-yuto-his-story-and-the-road-to-the -tokyo-2020-olympics

41. Waitzkin, J. (2008). *The Art of Learning: An Inner Journey to Optimal Performance*. Simon & Schuster.

42. Waitzkin, J. (2008). The Art of Learning: An Inner Journey to Optimal Performance. Simon & Schuster.

43. Moors, A., & De Houwer, J. (2006). Automaticity: a theoretical and conceptual analysis. *Psychological Bulletin*, 132(2), 297.

44. Klöckner, C. A., & Verplanken, B. (2018). Yesterday's habits preventing change for tomorrow? About the influence of automaticity on environmental behavior. *Environmental Psychology: An Introduction*, 238–250.

45. Ericsson, A., & Pool, R. (2016). *Peak: Secrets from the New Science of Expertise*. Random House.

46. Anders Ericsson, K. (2008). Deliberate practice and acquisition of expert performance: a general overview. *Academic Emergency Medicine*, 15(11), 988–994.

47. Suddendorf, T., Brinums, M., & Imuta, K. (2016). *Shaping One's Future Self: The Development of Deliberate Practice.*

48. Waitzkin, J. (2008). *The Art of Learning: An Inner Journey to Optimal Performance*. Simon & Schuster.

49. Ferriss, T. (2020). *Josh Waitzkin on Beginner's Mind, Self-Actualization, and Advice from Your Future Self (#412)*. Retrieved on January 11, 2022, at https://tim.blog/2020/02/27/josh-waitzkin-beginners-mind-self-actualization-advice-from-your-future-self/

50. Ferriss, T. (2021). *Josh Waitzkin and Tim Ferriss on The Cave Process, Advice from Future Selves, and Training for an Uncertain Future (#498)*. Retrieved on January 11, 2022, at https://tim.blog/2021/02/16/josh-waitzkin-2/

51. Ferriss, T. (2020). *The Tim Ferriss Show Transcripts: Josh Waitzkin on Beginner's Mind, Self-Actualization, and Advice from Your Future Self (#412)*. Retrieved on January 10, 2022, at https://tim.blog/2020/03/14/josh-waitzkin-transcript-412/

52. Sivers, D. (2021). *How to Live: 27 conflicting answers and one weird conclusion.* (p. 52). Hit media. Retrieved on January 10, 2022, at https://sive.rs/h5

53. Shakespeare, W. (1991). *Hamlet*:[1604]. Oxford Text Archive Core Collection.

54. Hitler, A. (2021). *Mein Kampf*. Diamond Pocket Books Pvt Ltd.

55. Pressfield, S. (2002). *The War of Art: Break Through The Blocks and Win your Inner Creative Battles*. Black Irish Entertainment LLC.

56. Ferriss, T. (2015). *Derek Sivers Reloaded – On Success Habits and Billionaires with Perfect Abs (#128)*. Retrieved on January 10, 2022, at https://tim.blog/2015/12/28/derek-sivers-reloaded-on-success-habits-and-billionaires-with-perfect-abs/

57. Galvin, B. M., Randel, A. E., Collins, B. J., & Johnson, R. E. (2018). Changing the focus of locus (of control): A targeted review of the locus of control literature and agenda for future research. *Journal of Organizational Behavior*, 39(7), 820–833.

58. Jacobs-Lawson, J. M., Waddell, E. L., & Webb, A. K. (2011). Predictors of health locus of control in older adults. *Current Psychology, 30(2), 173–183.*

59. Benassi, V. A., Sweeney, P. D., & Dufour, C. L. (1988). Is there a relation between locus of control orientation and depression?. *Journal Of Abnormal Psychology*, 97(3), 357.

60. Pinnock, C. H., Rice, R., Sanders, J., Hasker, W., & Basinger, D. (2010). *The Openness of God: A Biblical Challenge to the Traditional Understanding of God*. InterVarsity Press.

61. Acts 17:29. King James Bible.

62. Romans 8:16–17. King James Bible.

63. Wall, M. (2018). *We're Probably Living in a Simulation, Elon Musk Says*. Space.com. Retrieved on October 6, 2021 at https://www.space.com/41749-elon-musk-living-in-simulation-rogan-podcast.html

64. Carter-Scott, C. (1998). *If Life Is a Game, These Are the Rules*. Harmony.

65. Genesis 1:27. King James Bible.

66. Snow, E. (1845). Eliza R. Snow, "My Father in Heaven", October 1845. Retrieved on January 11, 2022, at https://www.churchhistorianspress.org/the-first-fifty-years-of-relief-society/part-1/1-14

67. Olson, R. E. (2007). Deification in contemporary theology. *Theology Today*, 64(2), 186–200.

68. Hallonsten, G. (2007). Theosis in Recent Research: A Renewal of Interest and a Need for Clarity. *Partakers of the Divine Nature. The History and Development of Deification in the Christian Traditions*.

69. Kharlamov, V. (Ed.). (2011). *Theosis: Deification in Christian Theology, Volume Two (Vol. 156)*. Wipf and Stock Publishers.

70. Irenaeus, Adversus Haereses (Irenaeus Against Heresies), book 4, chapter 38, in The Apostolic Fathers, Justin Martyr, Irenaeus, vol. 1 of *Ante-Nicene Fathers: The Writings of the Fathers Down to A.D. 325, ed.* Alexander Roberts and James Donaldson (Peabody, Massachusetts: Hendrickson Publishers, 1994), 522.

71. Irenaeus, Adversus Haereses (Irenaeus Against Heresies), book 5, chapter 36, in vol. 1, *The Apostolic Fathers*, 567.

72. Lewis. C. S. (1960). Counting the Cost, *Mere Christianity*. New York: Macmillan, 174–75.

73. Smith, E., * Jones, A. (1805). Know Then That Every Soul Is Free. Retrieved on January 12, 2022, at https://www.churchofjesuschrist.org/music/library/hymns/know-this-that-every-soul-is-free

第三篇

1 Segall, K. (2013). *Insanely Simple: The Obsession That Drives Apple's Ssuccess*. Penguin.

2 Isaacson, W. (2011). *Steve Jobs*. Simon & Schuster.

3 McKeown, G. (2014). *Essentialism: The Disciplined Pursuit of Less*. Currency.

4 Luce, C. B. (1931). Stuffed Shirts by Clare Boothe Brokaw. Chapter 17: Snobs, *New Style*, Quote Page 239, Horace Liveright, New York.

5 Frankl, V. E. (1985). *Man's Search for Meaning*. Simon & Schuster.

6 Collins, J. (2001). *Good to Great: Why Some Companies Make The Leap and Others Don't*. HarperBusiness.

7 Dethmer, J., Chapman, D., & Klemp, K. (2014). *The 15 Commitments of Conscious Leadership: A New Paradigm for Sustainable Success*. Conscious Leadership Group.

8 Lawler III, E. E., & Suttle, J. L. (1973). Expectancy theory and job behavior. *Organizational Behavior and Human Performance*, 9(3), 482–503.

9 Hawkins, D. R. (2014). *Power vs. Force: The Hidden Determinants of Human Behavior*. Hay House, Inc.

10. Shinn, F. S. (2009). *The Game of Life and How to Play It*. Penguin.

11. Hill, N. (2020). *Think and Grow Rich: The Original Classic*. Third Millennium Press.

12. Allen, J. (2008). *As a Man Thinketh*. Create Space Independent Publishing Platform.

13. Berk, L. E. (2010). *Exploring Lifespan Development* (2nd ed.). Pg. 314. Pearson Education Inc.

14. Covey, S. R. (2013). *The 7 Habits of Highly Effective People: Powerful Lessons in Personal Change*. Simon & Schuster.

15. Shenk, J. W. (2014). *Powers of Two: Finding the Essence of innovation in Creative Pairs*. Houghton Mifflin Harcourt.

16. WJS, p. 15.

17. Recollection of John Lyman Smith in JI (March 15, 1892): 172.

18. Madsen, T. (1978). Joseph Smith Lecture 2: Joseph's Personality and Character. BYU Speeches. Retrieved on January 5, 2022, at https://speeches.byu.edu/talks/truman-g-madsen/joseph-smiths-personality-and-character/

19. Meisel, A. (2014). *Less Doing, More Living: Make Everything in Life Easier*. TarcherPerigee.

20. Schwartz, B. (2004, January). *The Paradox Of Choice: Why More is Less*. New York: Ecco.

21. McKeown, G. (2014). *Essentialism: The Disciplined Pursuit of Less*. Currency.

22. Hendricks, G., & Hendricks, G. (2009). *The Big Leap*. HarperCollins.

23. Sivers, D. (2015). *Derek Sivers on Developing Confidence, Finding Happiness, and Saying "No" to Millions (#125)*. The Tim Ferriss Show. Retrieved on December 6, 2021, at https://tim.blog/2015/12/14/derek-sivers-on-developing-confidence-finding-happiness-and-saying-no-to-millions/

24. Sullivan, D. & Hardy, B. (2020). *Who Not How: The Formula to Achieve Bigger Goals Through Accelerating Teamwork*. Hay House Business.

25. Hendricks, G., & Hendricks, G. (2009). *The Big Leap*. HarperCollins. 26. Sonnentag, S. (2012). Psychological detachment from work during leisure time: The benefits of mentally disengaging from work. *Current Directions in Psychological Science*, 21(2), 114–118.

27. Karabinski, T., Haun, V. C., Nübold, A., Wendsche, J., & Wegge, J. (2021). Interventions for improving psychological detachment from work: A meta-analysis. *Journal of Occupational Health Psychology*, 26(3), 224.

28. Pressfield, S. (2002). *The War of Art: Break Through the Blocks and Win Your Inner Creative Battles*. Black Irish Entertainment LLC.

29. Collins, J. (2001). *Good to Great: Why Some Companies Make the Leap and Others Don't*. HarperBusiness.

30. Ferriss, T. (2014). The Tim Ferriss Show: Interview with Peter Thiel, Billionaire Investor and Company Creator (#28). Retrieved on January 11, 2022, at https://tim.blog/2014/09/09/peter-thiel/

31. Godin, S. (2010). *Seth Godin: The Truth About Shipping. 99Designs*. Retrieved on January 11, 2022 at https://99u.adobe.com/articles/6249/ seth-godin-the-truth-about-shipping

32. Godin, S. (1999). *Permission Marketing: Turning strangers into friends and Friends into Customers*. Simon & Schuster.

33. Godin, S. (2003). *Purple Cow: Transform Your Business by Being Remarkable*. Portfolio.

34. Godin, S. (2007). *The Dip: A Little Book That Teaches You When to Quit (and When To Stick)*. Portfolio.

35. Godin, S. (2008). *Tribes: We Need You to Lead Us*. Penguin.

36. Grant, A. (2021). *Think Again: The Power of Knowing What You Don't Know*. Viking.

總結

1 Frost, R. (1952). Men of Faith by Philip Hamburger. Start Page 167, Quote Page 169, The New Yorker Magazine Inc., New York. Retrieved on January 13, 2022, at https://quoteinvestigator.com/2020/05/04/bold/

預見未來自我

用未來自我學會活在當下、校準生活，每天創造屬於你的成功版本

Be Your Future Self Now: The Science of Intentional Transformation

作者	班傑明・哈迪 博士 Dr. Benjamin Hardy
譯者	閻蕙群
商周集團執行長	郭奕伶
商業周刊出版部	
總監	林雲
責任編輯	潘玫均
封面設計	卷里工作室
內文排版	点泛視覺設計工作室
出版發行	城邦文化事業股份有限公司 商業周刊
地址	104 台北市中山區民生東路二段 141 號 4 樓 電話：(02)2505-6789　傳真：(02)2503-6399
讀者服務專線	(02)2510-8888
商周集團網站服務信箱	mailbox@bwnet.com.tw
劃撥帳號	50003033
戶名	英屬蓋曼群島商家庭傳媒股份有限公司城邦分公司
網站	www.businessweekly.com.tw
香港發行所	城邦（香港）出版集團有限公司 香港灣仔駱克道 193 號東超商業中心 1 樓 電話：(852) 2508-6231　傳真：(852) 2578-9337 E-mail：hkcite@biznetvigator.com
製版印刷	中原造像股份有限公司
總經銷	聯合發行股份有限公司電話：(02) 2917-8022
初版 1 刷	2024 年 1 月
定價	380 元
ISBN	978-626-7366-39-4（平裝）
EISBN	9786267366417 (PDF) / 9786267366400 (EPUB)

國家圖書館出版品預行編目(CIP)資料

預見未來自我!:用未來自我學會活在當下、校準生活，每天創造屬於你的成功版本/班傑明.哈迪 (Benjamin Hardy) 著；閻蕙群. -- 初版. -- 臺北市：城邦文化事業股份有限公司商業周刊, 2024.1　面；　公分
譯自：Be your future self now : the science of intentional transformation
ISBN 978-626-7366-39-4(平裝)
1.CST: 自我實現 2.CST: 生活指導 3.CST: 成功法
177.2　　112019410